Comunica 10X

Antonio Muniz

Comunica 10X

Método para você brilhar e multiplicar resultados em aulas, lives, reuniões, palestras, projetos e workshops

BRASPORT

Rio de Janeiro
2023

Editor: Sergio Martins de Oliveira
Gerente de Produção Editorial: Marina dos Anjos Martins de Oliveira
Editoração Eletrônica: Abreu's System
Capa: Trama Criações

M966c Muniz, Antonio.
Comunica 10x : método para você brilhar e multiplicar resultados em aulas, lives, reuniões, palestras, projetos e workshops / Antonio Muniz. – Rio de Janeiro: Brasport, 2023.
192 p. : il ; 17 x 24 cm.

Inclui bibliografia.
ISBN 978-65-88431-95-5

1. Sucesso no trabalho. 2. Comunicação. 3. Dicção. 4. Oratória. I. Título.

CDU 82.085

Catalogação na fonte: Bruna Heller (CRB10/2348)

Índice para catálogo sistemático:
1. Retórica e oratória 82.085

BRASPORT Livros e Multimídia Ltda.
Rua Washington Luís, 9, sobreloja – Centro
20230-900 Rio de Janeiro-RJ
Tel./Fax: (21)2568.1415
e-mails: marketing@brasport.com.br
vendas@brasport.com.br
editorial@brasport.com.br
www.brasport.com.br

Prefácio

A conexão entre o sucesso pleno e falar em público é inegável. Sim, eu sei que é possível ter sucesso pessoal e profissional sem especificamente falarmos em público, mas é certo que, sem desenvolver essa habilidade, um pedaço do sucesso ficará pelo caminho. Explico.

Era o ano de 2007. Posso dizer que estava em início de carreira dentro da área de tecnologia. Estávamos iniciando as operações do instituto HDI no Brasil (do qual hoje com muita honra sou o CEO), o qual, além de estar totalmente ligado à educação corporativa, já fazia seus eventos ao redor do mundo. Eu estava muito envolvido com o propósito do instituto e não mediria esforços para que o HDI se desenvolvesse no Brasil, inclusive com os seus eventos.

Dentro dessa missão, iniciava minhas viagens aos EUA a trabalho, me capacitando sobre cada detalhe e, claro, aprendendo muito sobre como organizar conferências e exposições de porte significativo. Durante a minha "peregrinação" por eventos de tecnologia em terras ianques, ainda em 2007 deparei com a palestra de Edwin "Buzz" Aldrin, astronauta que acompanhava Neil Armstrong quando o homem pisou na lua. Nunca havia até então visto tamanha reação do público quando ele entrou. Quando ele finalizou, o auditório com milhares de pessoas veio abaixo. Que palestra! Guarde essa informação.

Em 2008, o desafio estava à minha frente: encabeçar a organização da primeira Conferência & Expo do HDI no Brasil. Além disso, eu seria o anfitrião do evento, ou seja, teria o desafio desesperador de falar em público para muitas pessoas, por várias vezes. Ao final deste nosso primeiro congresso, que modéstia à parte foi um sucesso de organização e conteúdo, fiquei com a sensação de que o valor percebido do evento poderia ser maior. Tinha a sensação de que a minha preparação para falar ao público não havia sido suficiente. O público esperava mais de mim e dos meus colegas que conduziram as atividades de palco. Existiu sucesso, mas não foi pleno.

Detalhe importante: vale observar que se eu tivesse conhecido o autor magnífico desta obra, o Antonio Muniz, naquela época, com certeza minha vida nos palcos teria sido bem mais fácil. Continuo.

No ano seguinte, em 2009, já preparava a segunda edição. Nesse momento, refletia muito sobre a palestra que assisti nos EUA do astronauta Edwin "Buzz" Aldrin anos antes, entre outras boas apresentações na ocasião. Por que alguém que atingiu o sucesso em sua vida profissional decidiu se tornar um palestrante? Por que, além de organizar e gerenciar uma conferência de sucesso, eu precisava falar em público? Pensava sobre o tema, tentando me convencer de que poderia ficar escondido atrás das cortinas que nada mudaria.

Depois de algumas pesquisas, contratamos então para essa edição o recém-aposentado capitão do BOPE (Batalhão de Operações Especiais), Paulo Storani, para ser o palestrante principal do nosso evento. Storani acabara de iniciar sua carreira como palestrante, era pouco conhecido, mas com potencial claro. Durante sua apresentação, explicava todo o processo de consultoria que fez para o filme "Tropa de Elite", sucesso de bilheteria na época. Treinou todos os atores e os transformou literalmente em soldados do BOPE. Sua energia no palco era incrível, estava muito preparado técnica e psicologicamente para contar ao público sobre sua história e cativou como nunca os gestores de TI ali presentes.

Juntando um pouco as peças do quebra-cabeça, e passados mais alguns anos contratando e assistindo inúmeras palestras, chegamos aos dias mais recentes: era agosto de 2022 e fui convidado por um dos palestrantes do evento HDI para participar de um congresso sobre IA, RPA e correlatos. Foi aí que descobri que ele não era qualquer palestrante, mas mestre de cerimônias, palestrante e também um executivo de sucesso. Foi assim que tive a honra e a oportunidade de conhecer o Antonio Muniz. Com uma desenvoltura natural única, energética e com certeza muito preparo, pude presenciar o melhor mestre de cerimônias em palco dos últimos tempos.

Já em outubro do mesmo ano, o recebi em nosso evento *HDI Experience* como palestrante. Novamente, arrebentou. As palestras eram simultâneas e sem paredes divisórias. O público escolhia em seu telefone qual palestrante gostaria de ouvir, e ele roubou a cena. Ali percebi que nossa parceria seria longa.

Elucidando: Edwin Aldrin pisou na lua, ápice do sucesso em sua profissão. Paulo Storani foi um dos mais importantes capitães do BOPE de toda a história e fez com que o filme "Tropa de Elite" fosse um sucesso. Antonio Muniz nasceu com uma habilidade natural para os palcos, aliada a sua preparação, imbatível frente ao público. E eu? Eu passei a ser um dos relevantes organizadores de eventos de tecnologia no país e continuo buscando o melhor preparo possível para contar essa história. Ainda bem que agora temos a honra de contarmos com o Muniz à frente do cerimonial dos nossos eventos, entre outras incríveis parcerias. Que aprendizado com o mestre, um dia chego lá!

O que eles têm em comum? Cada um, dentro de seu mercado ou tamanho, conquistou sim o sucesso. Mas para pessoas como Edwin, Storani ou Muniz, o sucesso pleno em suas vidas está intimamente ligado a COMO contam suas histórias de conquista, e não apenas o que conquistaram no percurso.

Temos por propósito inspirar, não apenas conquistar. Percebi que o que tínhamos em comum (guardadas as devidas proporções, risos) era o desejo de contar e compartilhar o sucesso que alcançamos, o conhecimento que adquirimos. Transitar do sucesso para o sucesso pleno é aprender a contar a nossa história vencedora da forma mais clara e inspiradora possível. É aprender a compartilhar nosso conhecimento da forma mais engajadora possível. É garantir que quem nos assiste entendeu e se encantou com a mensagem. Mas para que a mágica do sucesso pleno aconteça de verdade, é preciso vencer os obstáculos do palco que habitam nossas mentes. É preciso preparação.

O autor Antonio Muniz escreveu esta obra para ajudar uma legião de pessoas em busca da excelência ao falar para o público, seja qual for a situação. A eficácia do rico conteúdo desta publicação será sentida por você na prática, pode acreditar. Ao se preparar para o sucesso pleno, para a excelência, os palcos da sua vida nunca mais serão os mesmos.

Boa leitura!
Thiago de Marco
Diretor Executivo HDI Brasil

Apresentação

Após a experiência na escrita e curadoria de 28 livros com times multidisciplinares unindo a inteligência coletiva na Jornada Colaborativa, decidi iniciar a série "Advisor10X" para compartilhar experiências usando uma linguagem mais informal e simulando uma conversa direta com o leitor.

Comunica 10X é o primeiro livro desta nova série e representa experiências reais do método que aplico nas minhas atividades como líder de times de alta performance, palestrante, professor e mestre de cerimônias de grandes eventos.

Como você observará durante a leitura, este conteúdo é uma parte do meu programa "Comunica 10X", que soma aulas, pesquisas, mentoria e atividades práticas.

Além das minhas experiências com vitórias e derrotas e *cases* de pessoas que eu mentorei, você aprenderá também com estudos científicos e pesquisas de mercado para fortalecer o seu repertório.

Falando em repertório, a boa comunicação depende diretamente do que lemos, ouvimos e vivenciamos. Como sou apaixonado por aprendizado contínuo, você encontrará também, durante a leitura, sugestões de livros e episódios de *podcasts* que gravei para aprofundar temas relacionados ao conteúdo de cada capítulo.

Desejo que cada experiência deste livro faça a diferença na sua vida e o ajude a inspirar pessoas para resultados incríveis!

Antonio Muniz

Sumário

PARTE 3.
MÉTODO PARA REUNIÃO 10X

PARTE 4.
MÉTODO PARA PALESTRA 10X

PARTE 5.
MÉTODO PARA *LIVE* 10X

PARTE 6.
MÉTODO PARA AULA 10X

PARTE 7
MÉTODO PARA WORKSHOPS

PARTE 8
[illegible]

Introdução

Você aprenderá neste livro o método **Comunica 10x** para melhorar a sua performance em reuniões, palestras, aulas e, quem sabe, começar a fazer as suas primeiras *lives* e *workshops*. Eu tenho ajudado muitas pessoas a melhorar a sua comunicação com esse método, e também aplico nas minhas iniciativas, como aulas de MBA, *workshops* empresariais, *lives* e palestras. Tenho certeza de que esse conteúdo vai contribuir bastante para a sua carreira.

Quando falamos sobre comunicação, estamos nos referindo à habilidade mais humana de todas. Pensa bem: o que diferencia você de qualquer outro animal? É justamente a comunicação. Infelizmente muita gente não dá o devido valor à possibilidade de desenvolver essa habilidade tão importante. Existe uma pesquisa feita pelo LinkedIn[1] com mais de 12 milhões de pessoas no mundo inteiro. Neste estudo de 2020 (BLUM, 2020), o LinkedIn comprovou que as organizações e empresas valorizam muito mais a habilidade de comunicação do que todas as outras. Essa pesquisa foi noticiada em vários meios de comunicação, e o que isso quer dizer? Quer dizer que se você quer conseguir um emprego, fazer uma transição de carreira ou continuar no mercado, a comunicação é muito importante.

Só que aqui eu quero te apresentar um método que você pode não só usar nas empresas para realizar reuniões mais produtivas, sabendo se posicionar principalmente em reuniões executivas, onde você precisa mostrar o seu trabalho e defender as suas ideias, como também pode aplicar esse método compartilhando conteúdos em palestras, *workshops*, *lives* e, quem sabe, você pode assumir um novo papel na sua carreira profissional, criando o seu próprio curso, ou recebendo oportunidades dentro de empresas para você fazer palestras.

---

[1] O LinkedIn é a maior rede profissional que existe.

Agora eu quero te mostrar um outro estudo, do Fórum Econômico Mundial, que é muito reconhecido por realizar grandes pesquisas sobre tendências. E um estudo profundo que o Fórum Econômico fez foi avaliar quais eram as 15 habilidades mais importantes para os próximos anos (SUTTO, 2021). Eu considero que essas habilidades já eram importantes, só que, daqui para frente, elas se tornarão muito mais importantes, e a comunicação é a base para várias dessas habilidades. Eu vou citar todas as 15 habilidades, e aquelas que exigirem comunicação serão comentadas:

1. **Pensamento analítico e inovação:** ninguém consegue inovar sozinho. Nós precisamos comunicar nossas ideias, principalmente quem é líder
2. **Aprendizagem ativa e estratégias de aprendizado:** você só consegue aprender se souber perguntar e debater ideias. Aprender sozinho com um livro não é o suficiente. Precisamos trocar experiências.
3. **Resolução de problemas:** hoje em dia as empresas buscam profissionais que saibam resolver problemas, e resolver problemas é mergulhar profundamente no problema, ou seja, perguntar, falar suas opiniões, mobilizar pessoas.
4. **Pensamento crítico.**
5. **Criatividade:** para nós sermos criativos, precisamos de outras pessoas. Eu sempre gosto de falar sobre a inteligência coletiva. Dificilmente hoje em dia se faz alguma coisa sozinho em organizações e empresas. Então para estimular a criatividade e a inteligência coletiva das outras pessoas, você precisa saber se comunicar.
6. **Liderança:** eu considero esta a habilidade mais importante hoje nas pessoas. Independentemente do cargo, liderança é saber inspirar as pessoas para criarem resultados incríveis, porque uma pessoa sozinha dificilmente vai conseguir grandes resultados. E o básico para ser líder é saber se comunicar.
7. **Utilização, monitoramento e controle de tecnologias.**
8. **Programação.**
9. **Resiliência, tolerância ao estresse e flexibilidade:** você consegue ser mais tolerante ao estresse se você souber se comunicar. Sabendo se comunicar, você consegue negociar uma abordagem melhor com alguém, e talvez se estresse menos.
10. **Raciocínio lógico.**
11. **Inteligência emocional:** a inteligência emocional é uma base sólida para as profissões, e eu considero que sempre foi, mas agora está mais evidente porque precisamos trabalhar mais em equipe.
12. **Experiência do usuário:** a gente fala hoje que o cliente está no centro. E como colocar o cliente no centro sem se comunicar com o cliente? Sem fazer as perguntas certas para o cliente? A comunicação inclui a habilidade de ouvir e falar

na hora certa e do melhor jeito que a pessoa possa entender. Então ninguém vai conseguir colocar o cliente no centro sem saber se comunicar melhor com esse cliente.

13. **Ser orientado a servir o cliente:** é necessário perceber a perspectiva do cliente para a empresa, e isso é comunicação pura.
14. **Análise e avaliação de sistemas.**
15. **Persuasão e negociação:** a boa comunicação é diretamente proporcional ao sucesso em negociação.

Você percebeu que a maioria das habilidades não evolui sem uma boa comunicação? Por isso que eu faço esse convite para você ler o livro até o final, pois eu vou te apresentar técnicas, ferramentas e um método para você melhorar a sua comunicação em qualquer que seja a sua atuação no mercado, pois investir em comunicação vai te ajudar em toda e qualquer função atualmente.

Quem melhora a sua comunicação muda o jogo. Como assim muda o jogo? Vamos imaginar que você tenha um cargo de liderança. Por exemplo, você é gerente de tecnologia, agilista, gerente de produtos, gerente de projetos. Ou então não tem uma função formal de liderança, mas é especialista sênior ou até um júnior. Quando você for ensinar a um estagiário ou a qualquer outra pessoa ou apresentar os seus resultados para o seu chefe, você vai precisar desenvolver a habilidade de inspirar as pessoas para conseguir que elas também inspirem outras pessoas, e juntos todos conquistem resultados maiores. Então uma liderança que sabe inspirar pessoas conquistará resultados melhores. Uma pessoa que trabalha sozinha tem 1 resultado, mas se você tem 10 pessoas e sabe se comunicar com elas, o resultado vai ser multiplicado por 10. A ideia aqui é dar elementos para você já aplicar no seu dia a dia esse conhecimento. Então reflita sobre isso: se você é líder, pense que, pelo modo que você fala, você pode inspirar as pessoas e ir além, destravando os pontos fortes da sua equipe. Tudo isso é comunicação. Esse é o primeiro aspecto que você pode melhorar em relação aos seus resultados quando você utiliza a comunicação. Somos seres sociais e dependemos da comunicação para viver.

Também é legal ressaltar que você vai ganhar confiança nas suas reuniões. Imagine aplicar um método que faz você se posicionar, defender as suas ideias, ter confiança para discordar de pessoas com um cargo maior do que o seu na reunião... como você consegue fazer essas coisas? Com uma boa comunicação você gera essa confiança.

A comunicação também possibilita transformar as pessoas, sendo da sua equipe ou não. Você pode ajudar outras pessoas e mentorá-las através da comunicação.

E é claro que você também pode conquistar reconhecimento pessoal e profissional. Imagine ser convidado para expor a sua opinião em reuniões e contribuir ativamente com os resultados da sua empresa? Isso é ser reconhecido. Naturalmente, quando aparecerem melhores oportunidades dentro da empresa, quem você acha que vai ser lembrado? Vai ser quem é mais protagonista, e no caso é você, que se comunica melhor.

Você também naturalmente começa a influenciar decisões e obtém admiração de todas as pessoas, da alta administração, dos seus pares, do seu time e dos outros times. E a comunicação é uma habilidade que dá para ser melhorada continuamente também.

Não podemos deixar de citar que quando você se posiciona como alguém que ajuda os outros, você se torna um especialista naquele tema. E não adianta ser muito bom em um tema e não saber comunicar os resultados que você faz. Isso é outra questão muito interessante, porque tem muita gente boa no mercado que dá a vez para outras pessoas serem promovidas ou convidadas para palestras e aulas porque não sabe se expressar bem, ou acha que isso é um dom e nunca terá esse dom. Isso é uma grande bobagem e eu vou te provar neste livro.

Outra coisa interessante (e eu até já ajudei outras pessoas com isso) é que você também pode utilizar sua comunicação para conquistar novas fontes de receitas – por exemplo, fazendo palestras pagas, *workshops*, cursos *on-line* e mentorias. Tudo através de comunicação.

Muitas pessoas pensam que falar em público, fazer palestra, dar opiniões em reuniões, fazer aulas, entre outras coisas, são ações exclusivas de pessoas extrovertidas e pra quem não tem timidez. Mas sabe o que acontece? Conforme citado por Angela Duckworth no livro "Garra" (2016), o sucesso em qualquer área da nossa vida está mais associado com a preparação do que com o talento natural. Ou seja, você nasce com alguns pontos fortes e algumas habilidades naturais, além da sua personalidade, talvez mais introvertida ou extrovertida, enfim. 50% de quem você é você herda da sua família. Os outros 50% só dependem de você. Depende do meio em que você vive, e depende do investimento que você faz em relação ao seu tempo. Isso quer dizer que, mesmo se você hoje se considere uma pessoa muito introvertida e tímida, é possível melhorar a sua comunicação e eu vou te explicar neste livro com mais detalhes o método **Comunica 10x**, que apresenta o passo a passo que começa desde tirar o medo das pessoas até transformar esse medo em energia e em força para você destravar todo o seu potencial.

Talvez você seja um líder que tenha uma pessoa na equipe que é muito boa tecnicamente, mas não consegue falar nas reuniões e tem muito medo de compartilhar conteúdo. Por que não ajudar essa pessoa?

Eu quero te dizer que muitas pessoas abrem mão de compartilhar seus resultados e suas experiências. Eu falo como alguém que contrata palestrantes, professores e coordena MBAs. Eu reconheço pessoas muito boas e faço mentorias sobre palestra e liderança, e vejo pessoas muito boas, mas que muitas vezes não têm coragem de compartilhar o seu conteúdo, seja no presencial ou *on-line*, porque tem alguma trava. E uma das travas que aparecem muitas vezes é que as pessoas tiveram uma experiência negativa. Elas foram em um evento e viram um palestrante tentando fazer o seu melhor, e as pessoas que estavam assistindo estavam entediadas, e por isso essa pessoa começa a ficar insegura de falar também. Essa pessoa que participa de palestras que não foram muito boas, na hora do café e dos intervalos, vai ouvir comentários ruins sobre o palestrante e vai travando porque não quer passar por isso. Sabe por que isso acontece? Porque normalmente essas pessoas que estão lá na frente não se prepararam com um método, e é isso que eu vou te apresentar aqui. Se você aplicar o método **Comunica 10x**, a sua palestra vai ser incrível, a sua aula vai ser incrível e a sua performance em uma reunião vai ser incrível também. Claro que não é de uma hora para outra que você vai melhorar, é um passo a passo. Então cuidado com situações que você passou, talvez até você mesmo já tenha feito uma palestra ou atividade em que de repente você não foi bem e ficou se cobrando demais. Esqueça o que passou e comece a olhar para frente. Tenho certeza de que olhando para frente você pode melhorar.

Agora imagina que você não quis compartilhar nada, mas a sua empresa precisa de você hoje. Vamos supor que a sua empresa tenha um produto ou serviço para apresentar em um evento. Se você se voluntariar e disser "eu vou", só de estar fazendo isso você mostra o seu protagonismo. Só de falar que você vai, você mostra que é alguém que quer o melhor para a sua empresa. Agora, se você é muito bom nisso, por que não ajudar também pessoas que já fazem este papel? Ou quem sabe até mentorar essas pessoas? Então o que eu quero te falar é que está cada vez mais comum as empresas precisarem de pessoas que façam palestras em eventos. Eu faço papel de mestre de cerimônias e curador de grandes eventos, talvez a gente até se encontre em alguns deles. Sabe o que acontece? Muita gente boa e com um conteúdo bom chega lá e às vezes não consegue se apresentar bem. Às vezes porque tem uma trava, ou porque não se preparou com um método legal, mas se essas pessoas se prepararem elas vão muito longe, e todo mundo ganha. A empresa ganha, você ganha e o público ganha porque eles querem ter uma palestra legal. E é isso que eu vou te apresentar aqui: como você sair desse estresse, medo, e dessa ilusão de achar que a comunicação é um dom.

É claro que depois disso você não vai sofrer mais com essa frustração de fazer uma palestra e ver que as pessoas não estão prestando atenção e estão doidas para ir embora dali. A pior coisa que tem quando você faz uma palestra ou dá uma aula é você ver no olho das pessoas que elas não estão prestando atenção ou estão no celular. Mas uma coisa linda é quando você faz uma palestra e você inspira as pessoas com o seu conteúdo, e consegue mostrar para as pessoas uma ideia, um serviço ou um produto. Isso é incrível e possível. Mesmo para pessoas altamente introvertidas, ou pessoas que não tenham experiência nenhuma com aula. É só seguir o método do **Comunica 10x**.

Então eu quero que você fique até o final deste livro porque eu vou te explicar passo a passo como você pode fazer para conquistar resultados 10x maiores do que você tem hoje em reuniões, palestras e aulas. Porque eu acredito fortemente que todos nós temos um grande potencial, e muitas das vezes está guardado em algum lugar.

É claro que quem é mais introvertido tem uma forma de fazer uma aula, palestra, *live*, e quem é mais extrovertido tem outra maneira. Nós temos que respeitar as nossas particularidades, porque talvez faça parte dos seus 50%, e esses 50% não tem como você mudar. Quem é introvertido quer ficar quietinho no seu canto muitas das vezes – e fazer uma palestra gasta muita energia do introvertido. O extrovertido adora e ganha mais energia apresentando palestras – mas se não tiver cuidado, sai falando um monte de coisa e fala de qualquer maneira, fala o que pensa, não tem uma estrutura nem preparo, e a palestra acaba sendo ruim. Quem é introvertido pode se preparar e ser melhor que o extrovertido que acha que está pronto e que é tudo improviso.

Para quem é este livro?

1. Para pessoas que trabalham em uma empresa ou são especialistas em algum assunto de tecnologia (ou qualquer que seja a área) e costumam apresentar *cases* em eventos. Nesses trabalhos que eu faço de apresentar eventos e de ser mestre de cerimônias, eu assisto a várias palestras e vejo muita gente boa, que conhece muito de um produto ou de um serviço da empresa, mas a quem falta uma habilidade a mais de comunicar e preparar um roteiro legal que impacte as pessoas. Então se você faz esse papel hoje, este conteúdo é para você.

2. Se você gosta de compartilhar conteúdos em *lives*, *workshops* e eventos, ou seja, se você vai por conta própria e gosta de compartilhar conteúdo.
3. Se você é um agilista, trabalha como gerente de produtos, se você é líder e sente que precisa melhorar sua comunicação nas reuniões, por exemplo. Na agilidade existem várias reuniões – como a *daily*, que é uma reunião diária, a *planning*, que é uma reunião de planejamento do escopo e requisito que vai ser aprovado na *Sprint*, a retrospectiva ou reuniões de melhoria contínua e também *workshops*. Enfim, se você participa dessas situações, este conteúdo também é para você.
4. Se você também é professor, quer ser professor, ou se já dá aulas em MBA, graduação, *bootcamp*, qualquer curso. Eu vou ensinar neste método como criar um roteiro magnético que consiga transmitir todo o seu conteúdo de maneira leve, interessante e que não seja cansativo.

Então se você está listado em algum desses perfis ou você quer realmente aprimorar a sua comunicação, este livro é para você.

Mas eu também quero deixar claro que este livro não é para algumas pessoas, até para evitar que essas pessoas percam tempo.

1. Por exemplo, se você caiu de paraquedas e encontrou este livro; se acha que por ser professor você manda na parada, as pessoas têm que assistir mesmo qualquer coisa que você fizer; ou se você é diretor de empresa e acha que o seu crachá é forte o suficiente para forçar as pessoas a ouvir tudo o que você quiser, este livro não é pra você. Você já pode até parar de ler agora.
2. Se você acha que palestra é feita para você aparecer e que você está lá para brilhar sozinho e não está preocupado com o resultado das pessoas, só quer aparecer na foto, este livro também não é para você.
3. Se você ainda acha que tem muito medo, não nasceu para isso, e que isso é um dom para poucas pessoas, você também não vai ser beneficiado por este livro.
4. Se você acha que é tão bom, ou tão boa, que já chegou no nível máximo de conteúdo, este livro não é para você – e nem para os "reclamões".

Por que eu estou filtrando aqui? Porque eu quero de verdade que quem ler este livro conheça mais o método e entre mais profundamente no conteúdo. É para quem quer crescer e tem a humildade de investir o seu tempo para melhorar. E também porque nós nunca vamos agradar a todos, então eu já estou delimitando aqui quem eu sei que eu não vou agradar. Para mim é mais fácil, então eu simplesmente aviso que este conteúdo não é para algumas pessoas. Nós temos uma energia finita, então se você se conecta com pessoas que querem crescer, pessoas otimistas que querem superar desafios, você está mantendo as pessoas certas perto de você. Eu não estou dizendo que a gente deve ser aquele sonhador que transmite positividade tóxica, mas é que tem gente que reclama de tudo, e essas pessoas só trazem problemas.

Então se você está dentro dessas pessoas listadas por último, este conteúdo não é para você, talvez não seja legal você continuar, e você vai perder o seu tempo.

Então quais experiências eu vou compartilhar com você? Algumas experiências que eu já tive em empresas, em aulas de MBA, em palestras. Então eu vou compartilhar como você pode replicar o método que eu faço nas minhas palestras e *workshops*.

Resumidamente dentro da minha trajetória, mais de 30 mil pessoas já assistiram aos meus conteúdos, entre palestras, *workshops* e aulas. Conheça alguns *feedbacks* que costumo receber aplicando o método **Comunica 10X**[2]:

"A capacidade que ele tem de inspirar é astronômica e a mentoria mudou a forma como eu enxergava a minha carreira" (Ana Clara Gonzaga – Gerente de TI, Professora de MBA, Curadora e Escritora de livros)

"Mesmo que você já conheça o tema, você se estimula a ir até o fim" (Ana Cláudia Rodrigues – Gerente de Transformação Digital, Professora de MBA, Curadora e Escritora de livros)

"Transmite de forma leve e direta a informação necessária e a mentoria me fez evoluir em meses o que eu achava que levaria anos" (Carlos Nascimento – Agilista, Escritor e Professor)

"A mentoria foi um divisor de águas na minha vida" (Dayane Diniz – Agilista, Professora, Palestrante, Curadora e Escritora de livros)

"A mentoria me ajudou na transição de carreira e vocês vão sair muito mais capacitados desses encontros" (Rosivaldo Mendes – Coordenador de RH Ágil)

"Assuntos complexos se tornam simples e de fácil compreensão" (Ibson Cabral – Agilista, escritor, *Host* e Fundador do *podcast* Pipoca Ágil)

"Sempre entrega temas que vão ao encontro da realidade" (Lucia Stela Lopes – Empreendedora, Consultora organizacional na área de saúde, Curadora e Escritora de livros)

---

2 Você pode também consultar mais detalhes no site <www.advisor10x.com.br>.

"Palestra com Muniz é sinônimo de conteúdo relevante e aplicável, conheci um mundo de oportunidades na mentoria" (Fernanda Alvarez – Gerente de Projetos e Mentora)

"Muniz é uma pessoa que sou muito grata em ter na minha vida, tem colaboração na veia e ama o que faz. Sempre que participo da suas *lives* saio com um aprendizado para a vida! E na mentoria eu descobri o meu potencial profissional" (Celiane Neves – Coordenadora de agilidade, curadora e escritora de livros da Jornada)

"Já participei de muitos projetos do Muniz: Jornada Colaborativa, mentoria, LiderPro-Expert. Tudo começou com uma mentoria. Foi a partir daí que percebi o quanto eu era capaz de fazer coisas jamais imaginadas por mim. Minha vida mudou para muito melhor." (Sabrina Nader – *Head* de Agilidade na Advisor 10x, professora de MBA, curadora e escritora de livros)

"Com a mentoria individual você descobre seus pontos cegos que travam sua carreira, depois pode voar alto!" (Juarez Barreto – Gerente de Tecnologia, Autor e Curador)

"Comunicador nato, objetivo e claro, trazendo leveza para assuntos complexos. Muito fácil entender suas posições e a transmissão do seu conhecimento trazendo junto a visível vontade de ajudar. Uma inspiração para mim" (Ana Raquel – Agilista)

Talvez você pense "nossa, seria legal ter esses *feedbacks* também em minhas palestras, aulas, projetos, *lives*, reuniões!" e eu digo que é possível. Mesmo que hoje você esteja começando do zero ou já esteja em um patamar bom, sempre é possível dar um salto. Uma das coisas mais interessantes quando você ajuda outras pessoas a conquistar resultados é que isso volta para você e te dá uma energia enorme. Eu sempre comento que nós somos seres humanos e temos dias ruins. Quando eu tenho um dia ruim e estou desanimado, eu vejo os *feedbacks* positivos dos meus mentorados e alunos e o dia fica incrível. E é possível alcançar esse tipo de resultado nas suas palestras, tenha certeza disso.

Por que eu decidi compartilhar esse conteúdo? Primeiramente porque eu descobri esse método que é muito melhor para se comunicar e compartilhar conteúdo. Eu fiz tudo do meu jeito durante anos e sofri muitas vezes por conta de resultados que eu não consegui alcançar. Hoje eu me realizo muito mais. Eu até gosto de consultoria, eu tenho inclusive a empresa Advisor 10x, em que eu sou o CEO. Tenho um timaço que está fazendo um trabalho incrível, mas, em uma palestra e em uma mentoria, você vê na hora o *feedback* das pessoas. E é esse método que eu vou compartilhar contigo.

Também estou compartilhando isso porque talvez você tenha me conhecido agora em alguma palestra, ou me viu dar aula e pode pensar algo como "ah, esse cara tem o dom, ele tem mais facilidade...". Muita gente fala isso, mas eles não sabem que eu, até o final da minha faculdade, era uma das pessoas mais quietas da sala. Eu não fazia perguntas e muito menos ia lá na frente. Eu sou da época da cartolina... antigamente não tinha projetor para você apresentar trabalho na faculdade, então eu era aquela pessoa que ficava segurando a cartolina. Quem me conhece hoje em dia pensa "não é possível!", mas eu era essa pessoa. Imagina se uma dessas pessoas que estudaram comigo no ensino médio ou era meu colega de faculdade me encontra hoje dando aula e formando palestrantes? Ele vai pensar que é uma piada. O que eu quero mostrar para você aqui é que é possível quando você se prepara. Eu era a pessoa que passava os *slides* no início das apresentações. Pensa nisso: uma pessoa falando, comunicando e influenciando os alunos, e outra pessoa escondida passando os *slides* – eu era esse cara que passava os *slides*. Eu perdi uma baita oportunidade de mostrar que eu também tinha me preparado, estudado e que eu sabia posicionar minha ideia. Geralmente os líderes são as pessoas que vão lá na frente, então eu perdi grandes oportunidades. Eu nunca imaginei que eu começaria a dar aulas. Eu tenho uma irmã que é professora e ela fez segundo grau de formação de professores, faculdade de pedagogia, mestrado etc. Ela se preparou para dar aulas. Eu fiz técnico em eletrônica, comecei consertando computadores, fiz faculdade de informática, MBA em telecomunicações e depois um mestrado em administração. Mas eu fui sempre essa pessoa mais técnica. E aí coincidiu de, na minha primeira liderança, eu precisar fazer muitas apresentações e reuniões. E por falar em reunião, eu perdi muitas oportunidades nas empresas porque em reuniões, principalmente quando tinham executivos, eu ficava calado. Eu tinha medo de me posicionar, não tinha um método para fazer reuniões, entende? E agora eu resolvi compartilhar este conteúdo porque eu vejo o brilho no olhar das pessoas quando eu contribuo com o resultado delas. E quando você compartilha um conteúdo e ensina alguma coisa para alguém em uma palestra, uma aula ou em uma reunião, se você sabe se posicionar, você vai realmente se destacar. Então isso é realmente o que me dá prazer hoje: compartilhar conteúdo para inspirar as pessoas a conquistar seus próprios resultados.

Então o que eu quero te falar é que, mesmo que hoje você não tenha resultado nenhum, ou tenha muito resultado, é possível melhorar. No meu caso, mesmo dando aulas em MBA, eu não tinha muita habilidade para fazer reuniões. Eu me fechava e não sabia posicionar as minhas opiniões, principalmente quando elas eram contrárias ao que foi colocado. Eu tive essa dificuldade, então vou te apresentar aqui um método que vai desde reuniões até palestras.

Este livro está organizado em oito partes com capítulos dinâmicos e bem diretos, e eu vou te apresentar um resumo de cada parte:

1. Na primeira parte, eu vou te ajudar a transformar medo em energia. O medo é algo que geralmente acontece quando você não se prepara tanto, quando você não tem muita confiança em você mesmo ou quando você não consegue desenvolver habilidades de comunicação mais naturalmente. Então nesta parte do livro eu vou te apresentar vários capítulos que vão ajudá-lo a transformar o seu medo em energia.
2. Na segunda parte, que é a mais importante do livro, eu vou te ajudar a criar um passo a passo com o seu roteiro, e eu chamei de roteiro magnético. Por quê? Porque eu vou te apresentar várias técnicas e vários elementos para você construir qualquer que seja o seu conteúdo, seja *live*, palestra ou reunião. Eu vou te ensinar a aplicar no seu roteiro o *storytelling*, a importância de você colocar estudos e pesquisas, histórias reais da vida e também um conteúdo profundo, mas não chato. Esta parte é uma base sólida para as outras partes do livro.
3. Na Parte 3 do livro, eu vou adaptar todo o conteúdo que eu falei na Parte 2 do roteiro magnético para você executar uma ação específica – por exemplo, eu vou te apresentar um método para você fazer reuniões melhores. Tem reunião que não dá em nada, concorda? Eu vou ajudar você a se posicionar em reuniões, a ter mais segurança sobre o que falar, a coordenar reuniões mais produtivas e a se destacar e se tornar mais protagonista.
4. A Parte 4 é especial para mim – aliás, o nome deste livro seria somente "Palestrante 10x", mas depois eu pensei em ajudar pessoas com mais amplitude, e um dos grandes motivos para isso foi justamente a quantidade de *feedbacks* positivos que eu recebo das pessoas que têm feito mentorias comigo e que são destaque no mercado. Então eu vou te apresentar um passo a passo de como você pode melhorar sua palestra. Como você abre uma palestra? Tem gente que se apresenta e deixa todo mundo cansado, tem gente que deixa o ritmo monótono, tem gente que deixa os *slides* muito poluídos... enfim. Vou te apresentar nesta parte como fazer uma palestra incrível.
5. Na Parte 5, eu vou te apresentar um método para fazer *lives* do zero e explicar passo a passo como você pode melhorar.
6. Na Parte 6, eu vou te ajudar a ser um professor admirado, seja de MBA, *bootcamp*, certificação, graduação ou cursos livres. Então aqui eu vou mergulhar mais profundamente em como você pode ser um professor melhor e mais moderno, e não aquele professor que acha que tem todas as respostas e todos têm que aturar conteúdo chato. Eu vou te ajudar a ter um foco mais facilitador que engaja os alunos.
7. Na Parte 7 eu vou te ajudar a fazer um *workshop* incrível, e aqui é interessante porque fica clara a diferença entre aula e *workshop*. No *workshop* você vai construir as coisas com as pessoas, elas vão colocar a mão na massa. Você tem

que ser um facilitador que potencialize a participação de todos e que pratique a inteligência coletiva. Então na Parte 7 você acelera não só o compartilhamento de conteúdo, mas a melhor interação com as pessoas, seja presencialmente ou *on-line*, pois eu vou te dar dicas sobre a diferença entre fazer *workshops* presenciais e *on-line*.

8. Na Parte 8, eu vou te apresentar 10 erros clássicos que você não pode repetir – e aí eu vou trazer toda a minha experiência. Eu já participei em mais de 50 eventos fazendo o papel de mestre de cerimônias e apresentador. Também tenho experiência como curador de eventos, seleciono palestrantes em vários eventos e, é claro, eu também já assisti um caminhão de palestras. Eu vou te apresentar o que tem funcionado mais. Quer ver uma coisa que você já deve ter vivido? Aquela palestra que as pessoas querem ir embora, cansativa, e que dá a sensação de que não adiantou nada ter ido assistir. Eu não quero que isso aconteça com você, então eu reservei nesta última parte do livro os melhores tópicos de tudo o que eu já vivi como palestrante, como audiência e como mestre de cerimônias ouvindo a palestra dos outros. Os capítulos são justamente os 10 erros que você não pode repetir.

Como o curso Comunica 10X complementa este livro

Este livro é uma parte da formação **Comunica 10X**, que é estruturada em cinco componentes essenciais para acelerar os seus resultados:

1. Aulas dinâmicas que gravei explicando como aplicar o método descrito neste livro.
2. Sete atividades práticas para você aplicar todo o conteúdo explicado nas aulas gravadas.
3. Planilha com contato de eventos que contratam palestras pagas.
4. Planilha com grandes eventos aos quais você pode submeter suas palestras.
5. Arquivo com cinco tipos de *slides* que você pode usar como modelo para apresentações incríveis:
    a. *Case* de empresa
    b. *Case* pessoal
    c. Reunião executiva
    d. Produto ou serviço
    e. Aula em MBA
6. Possibilidade de fazer *live* comigo para tirar dúvidas e/ou trocar experiências sobre tecnologia, agilidade, carreira, liderança, *DevOps*.

7. Condição especial para participar do meu programa de mentoria:
    a. Acelere o **Comunica 10X**
    b. Acelere sua carreira
    c. Entrevista de emprego
    d. Liderança de times
    e. Reunião executiva
    f. Transição para agilidade e tecnologia

Para conhecer todos os benefícios da formação **Comunica 10X**, acesse o site <www.advisor10X.com.br>.

Presente:
mande e-mail para <contato@advisor10X.com.br> citando um resultado que você teve com a leitura do livro e nosso time retornará com desconto exclusivo.

PARTE 1.
TRANSFORME O MEDO EM ENERGIA

Nesta parte você vai aprender como sair do medo de falar em público e transformá--lo em energia! Energia para fazer palestras, reuniões, *workshops*, *lives*... esta parte é fundamental até para você que já tem experiência. Por quê? Porque é supernormal entrarmos em uma reunião importante e acabarmos sentindo aquele frio na barriga. Eu vou te explicar aqui passo a passo por que isso acontece e como podemos transformar esse medo em energia e como o medo pode ser o seu maior aliado. Olha isso! Que coisa incrível que você vai aprender nesta parte!

No Capítulo 1, vou te apresentar o que o medo causa no nosso corpo. É importante saber disso, porque é natural. Mas o que ele pode causar? Uma coisa que ele causa, por exemplo, é justamente acabar te travando na hora de uma reunião importante ou de uma palestra.

No Capítulo 2, eu vou te mostrar por que falar em público pode ser considerado um dos maiores medos das pessoas. Será que isso é verdade? Vou te apresentar alguns estudos.

No Capítulo 3, como a sua preparação reduz o medo. Aqui eu vou te colocar "na cara do gol". Vou te mostrar a maneira certa de se preparar para você transformar o medo em energia.

No Capítulo 4 eu vou te apresentar o que você nunca deve fazer. Dependendo do que você faça no início de uma palestra ou de uma reunião, por exemplo, o medo aumenta muito e às vezes se torna incontrolável.

E no Capítulo 5 eu vou te apresentar um caso real de uma pessoa que eu mentorei que tinha muito medo de falar em público e de se posicionar em reuniões. Eu ajudei essa pessoa e hoje ela é uma referência dentro e fora da empresa.

Fechando nossa Parte 1, eu vou te apresentar um capítulo bônus, que é direcionado para você que quer aprofundar algum tema específico e conhecer outros livros. Ao final de cada parte, eu vou te apresentar conteúdos bônus, para você avaliar se tem sentido para o seu momento atual, junto com alguns livros. Eu quero destacar logo que, para você se tornar um comunicador ou uma comunicadora 10x, não é obrigatório ler todos os livros que eu vou te apresentar, ou assistir a todo o conteúdo adicional. Mas é altamente recomendado. Como eu sou apaixonado por livros, escrevo e gosto de ler muito, eu vou te incentivar muito para você ler livros também.

1. Como transformar o medo em energia

Neste capítulo você aprenderá especificamente sobre o que o medo causa no nosso corpo. Isso é fundamental, e você vai cada vez mais entender o seguinte: quando nós entendemos os porquês, a gente consegue melhorar o plano de ação para resolver algum problema que a gente tem. Então é muito importante prestarmos muita atenção nisso, pois o medo é natural e faz parte da essência de todo ser vivo. O medo traz coisas boas para nos proteger, mas também traz coisas ruins que nos atrapalham, principalmente em uma reunião importante, um *workshop*, uma palestra ou até em uma *live*.

Então, dificilmente alguém vai ser um comunicador 10x se não souber controlar o medo. Atenção: controlar não é inibir o medo. É transformá-lo em algo que seja energia e que te dê mais força ainda para você arrebentar. Essa é a minha proposta, e eu tenho certeza de que, se você seguir esse passo a passo, você vai sair muito mais fortalecido para as próximas partes.

Então o que a gente precisa entender na prática? O nosso cérebro existe para nos proteger, então sempre que entramos em alguma situação de risco e que pode nos prejudicar, principalmente quando pode comprometer a nossa vida, o nosso cérebro trava todo o lado racional. Ele pega toda a energia que nós temos e transfere para os músculos do braço e das pernas. Para quê? Ele faz isso como uma preparação: ou para a gente lutar ou para a gente fugir. E por que isso é tão natural? Porque nosso cérebro quer proteger nossa vida.

No livro "Cérebro: uma biografia" (2017), o renomado neurocientista David Eagleman destaca que as sinapses do nosso cérebro permitem novos aprendizados em qualquer idade, mas também descarta os aprendizados pouco praticados para reforçar as conexões mais importantes.

Nós, seres humanos, vivemos muito mais tempo nas florestas e cavernas do que vivemos nas cidades. Então o nosso cérebro não entendeu ainda, por exemplo, que quando você está dirigindo e alguém "te dá uma fechada", foi só um susto e não é para você sair discutindo com a outra pessoa. Não vai resolver nada... o seu cérebro não entende que quando você vai para uma reunião, e você está com medo da reação do seu chefe, não adianta ele economizar energia – afinal, você não vai precisar dessa energia nas suas mãos, o intuito não é socar o chefe (por mais que você tenha vontade). Brincadeiras à parte, por mais que você tenha um "chefe Thanos", que te deixa furioso, agredi-lo não vai resolver nada.

Você precisa se posicionar e ser assertivo. Nem agressivo nem passivo; então a energia nas mãos ou nas pernas não vai ajudar nesses casos, apesar de ser para lá que o seu cérebro manda a energia nessas situações também. Agora, infelizmente, não temos como negociar com o nosso cérebro e dizer para ele: "não precisa ser assim, cérebro", pois ele age inconscientemente. Aliás, você já deve ter ouvido falar que o nosso comportamento costuma ser muito mais inconsciente do que consciente. E é isso que acontece quando você vai falar em público, vai para uma reunião, ou vai ter aquele encontro... você fica nervoso, mas é supernormal. O que não é normal é você não saber controlar isso, porque você vai travar. Então, recapitulando: por que que a gente fica com medo? Porque o cérebro toma um monte de ações quando ele acha que a gente está em perigo.

Então, quando você participa de uma reunião, por mais que você tenha se preparado para arrebentar, se o seu cérebro estiver com medo, ele vai acabar fazendo você se arrebentar em vez disso. O cérebro que existe para proteger nossa vida nos atrapalha em outros pontos, então aqui nesta parte eu vou te apresentar passo a passo como você pode fazer para transformar esse medo em energia. Pode ser que só esta parte resolva toda a sua vida, porque aqui você vai aprender com prática, com base científica, e também com base nas minhas experiências.

Como é que você transforma o medo em combustível? Vamos pensar aqui uma coisa. O medo é essa reação natural de lutar ou fugir. É essa reação instintiva. Imagine o seguinte: você está na rua e ouviu um barulho. Se você achar que é um tiro (apesar de não necessariamente ter sido), o seu cérebro automaticamente acelera o seu coração e aumenta sua pressão. Ele faz um monte de coisas porque ele quer "acessar o programa do seu sistema operacional" que diz que aconteceu algo ruim por perto e você está em perigo, então ele tira energia da parte racional e coloca nas outras partes do corpo. O que acontece então? O batimento cardíaco aumenta, a pressão aumenta, a **boca fica seca**, você pode acabar sentindo **tonturas** e **tremores no corpo**, em pouco tempo vai começar a suar excessivamente pelo corpo e até **perder algumas memórias**. Repare bem nas palavras destacadas em negrito. Tudo o que você não precisa é que o cérebro faça isso com você na hora da apresentação ou antes dela. Tontura, perda de memória... você não precisa disso, só vai te atrapalhar. Mas o cérebro não sabe disso... imagina para uma pessoa que não se preparou bem. Quando acontecer uma coisa dessas, a palestra com certeza vai ser péssima.

Eu mesmo já passei muito por isso. Eu não aplicava o método que eu vou te ensinar aqui. E na hora da reunião com a diretoria ou com um cliente importante, eu me via com todas essas complicações. Quando isso acontecia, doía demais... aí você vai mal e se cobra dizendo que "não nasceu para isso", que "não consegue", que "é um péssimo palestrante", que "é um péssimo facilitador de *workshop* ou reunião". Nada disso. É porque você não soube se preparar para brilhar. Se for um perigo real, por exemplo, você estar andando na rua e se deparar no meio de um tiroteio – já aconteceu comigo. Você não pensa, entende? Você se esconde. No meu caso, a minha reação foi correr e ficar atrás de um poste... foi aqui no Rio de Janeiro, um assalto em que um segurança revidou, e, como consequência, ocorreram vários disparos. Nesse momento em específico, boca seca não vai me atrapalhar em nada. A perda de memória também não. Eu preciso gastar energia para salvar a minha vida, pois é a prioridade. Porém, em uma palestra ou em uma reunião isso só atrapalha.

Então eu estou aqui te explicando o que causa o medo. É como se desligassem o nosso lado racional e virássemos um cachorro, por exemplo. Se você der um susto em um cachorro, ele não pensa, ele vai sair correndo. Mas esse tipo de reação em uma palestra ou em um *workshop* atrapalha demais. Outra coisa também é que, por mais que você saiba que alguma situação seja impossível, o cérebro não fará essa distinção. Ele realmente desliga.

Quem conhece o Rio de Janeiro já deve ter ouvido falar de Angra dos Reis, que é uma região praiana aqui do estado do Rio de Janeiro, muito legal por ter bastante verde ao redor da praia. Acontece que uma cunhada minha e os meus sobrinhos moram lá em Angra dos Reis, e de vez em quando a gente vai lá. E, no caso, lá estava eu aproveitando o fato de não ter muitas ondas no mar; decidi nadar até o fundo lá no oceano, tranquilo. De repente eu ouvi um barulho e vi um vulto... o meu cérebro achou que fosse um tubarão e automaticamente ele ligou o "modo fuga". É lógico que eu não conseguiria encarar um tubarão, mas ele colocou energia em meus braços e pernas e eu comecei a nadar desesperadamente para a areia.

Você não manda nisso, seu cérebro faz para te proteger. É lógico que eu sabia lá no fundo que não tem tubarão em Angra. É diferente do Recife, por exemplo, em que existem relatos de tubarões que atacam banhistas em algumas praias. Mas em Angra não tem e nunca teve. Pelo menos eu nunca ouvi falar. Mas lá no "fundo do mar", quando eu bati o olho em alguma coisa que eu nem consegui reconhecer, e comecei a ouvir barulhos, eu ia ficar lá para tentar reconhecer ou esperar algum evento específico? Não! Tudo em mim indicava fugir, e foi o que eu fiz. Eu cheguei na areia quase desmaiando de cansaço porque nadei muito rápido.

Isso acontece também na sua apresentação: se você não souber disso, e se você não tiver consciência, vai acontecer exatamente isso com você em uma reunião importante na qual você precisa arrasar e estar bem. E você vai aprender justamente como evitar isso e como não ter medo de coisas imaginárias. Muitas das vezes é só imaginário. Você pode pensar: "ah, eu acho que não vão gostar". Você só acha, mas não necessariamente é isso que vai acontecer, beleza? Reflita sobre isso.

2. Falar em público é o maior medo das pessoas?

Neste capítulo você vai aprender por que falar em público é considerado o maior medo das pessoas. Várias pesquisas já mostraram isso, apesar de eu achar um exagero, pois, quando comparado com outros medos, como o de morrer ou perder a sua amada família, falar em público não parece ser tão apavorante. Talvez na prática outros medos sejam maiores – até porque quando uma pessoa responde a uma pergunta do tipo "qual o seu maior medo?", possivelmente ela não está pensando muito nessas coisas. Mas o que eu quero mostrar aqui é que vários estudos já apontaram que falar em público é um dos maiores medos da população.

Uma das pesquisas foi feita com 3 mil britânicos: 41% informaram que o medo de falar em público é maior até mesmo em relação a problemas financeiros, doenças e morte (REDAÇÃO, 2022). É importante a gente ter a clareza de que não é porque a gente tem medo de alguma coisa que a gente não vai tratar desse assunto. Também é importante destacar que, diferentemente do passado, em que poucas pessoas precisavam fazer palestras, *lives* ou até mesmo participar de reuniões, a nossa época atual é recheada de situações onde precisamos estar presentes, mesmo que remotamente. Também existem muitas oportunidades que nos colocam no meio de eventos, palestras e até, quem sabe, situações que nos fazem participar de *lives*.

Nos métodos mais novos de trabalho, como a agilidade, por exemplo, as pessoas têm que ter uma participação mais ativa. Por quê? Porque as empresas não querem mais contratar somente a mão de obra; elas precisam da inteligência coletiva, e a gente precisa se comunicar cada vez melhor. Embora falar em público seja o maior medo na prática, participar de uma reunião importante pode gerar o mesmo medo. Muitas pessoas me procuram para ter mentorias e serem capazes de se posicionar melhor nas reuniões. O desempenho delas nas reuniões é um medo que elas possuem. Não se posicionar direito, ser muito agressivo ou muito passivo nas reuniões, é um problema sério, e eu já passei muito por isso também. Mas fica tranquilo que vai ter uma parte com vários capítulos só falando sobre reuniões e eu vou te ajudar muito nisso. Então, o que você deveria levar dessa parte aqui? É que as pessoas vão continuar tendo medo, e por isso eu separei algumas dicas para você manter na cabeça.

Geralmente o medo de falar em público tem uma ligação muito forte com a falta de preparo. Esse é um dos maiores fatores que levam a um mau desenvolvimento na hora de se pronunciar em público. Eu interajo com muitas pessoas e percebo que quando elas não estão preparadas elas ficam com mais medo. Isso é normal, então fica como aprendizado desta parte que o medo de falar em público é, sim, considerado um dos maiores medos. Mas você pode mudar isso!

Não dá simplesmente para falar "ah, eu não nasci para isso", "eu sou introvertido, sou tímido, sou assim mesmo". Eu mentoro pessoas técnicas, e é impressionante a quantidade de pessoas na área da tecnologia da informação que são muito qualificadas, mas não se posicionam em uma reunião numa boa e não conseguem influenciar. Então, cada vez mais precisamos de pessoas protagonistas, que consigam se comunicar e colocar sua opinião. E não adianta falar "eu tenho muito medo", pois dá para encarar esse medo!

3. Como a preparação reduz o medo?

Neste capítulo você vai entender como a preparação reduz o medo. Confie em mim, a preparação vai fazer você dar um salto na sua performance com certeza. Não é preciso trabalhar 24 horas, mas focar no mais importante. Então eu vou te passar aqui neste capítulo como você pode se preparar de maneira mais proveitosa em relação ao seu ponto forte. Não é o objetivo atingir a perfeição, como algumas pessoas tentam fazer às vezes até alterando a voz. Bobagem! Seja você mesmo – claro, melhorando continuamente. Tenha em mente que tem gente que parece muito artificial em uma comunicação, e aí as pessoas percebem. Aqui eu quero sempre ajudar pessoas de carne e osso a fazer uma comunicação melhor, do jeito mais real possível.

Então eu quero que você coloque isso para a sua vida: **"a nossa preparação aumenta a nossa autoconfiança"**. Grava isso. A nossa autoconfiança está diretamente relacionada à preparação, e existem alguns elementos que ajudam a enxergar isso.

Quando você se prepara, você confia mais em você e consequentemente acaba se saindo bem. Por sua vez, quando você se sai bem, você acaba confiando mais em você. É uma relação de causa e efeito. Acredite em mim: para você superar o medo, você precisa se preparar mais no início, porque depois é mais leve.

Eu hoje tenho preparado cinco temas de palestras. Tem duas que eu sempre faço, que são as de Liderança e Agilidade, e também tenho a de *DevOps*, a de Colaboração e uma de Cultura Digital. Geralmente são essas cinco que as empresas contratam quando não me chamam para fazer eventos. Quando uma empresa me contrata para fazer uma palestra, eu olho os meus *slides* e meus repertórios e adapto o meu conteúdo conforme a necessidade da empresa.

Agora, quando se trata da sua primeira palestra, primeira reunião, ou primeira *live*, é claro que no início você precisa se preparar mais. Mas também não deixa de ser verdade que, mesmo eu fazendo centenas de palestras e *lives*, eu ainda me preparo, pois sempre quero melhorar. Quanto mais você se prepara, mais você aumenta sua autoconfiança e melhora o seu desempenho a cada dia.

Então quando você vai entrar no palco, iniciar uma reunião ou fazer uma *live*, e vier aquele "frio na barriga", o seu cérebro vai se lembrar do quanto você se esforçou e se preparou para aquele momento, e vai lembrar de experiências passadas bem-sucedidas. Então o seu medo não vai ter mais poder sobre você. Você domestica o seu cérebro. Você só precisa se preparar mais para um tema novo, um evento maior ou reuniões mais importantes.

Eu já fiz palestras presenciais para 1.400 pessoas, fiz também na pandemia para a Petrobras uma palestra com 1.600 pessoas. É claro que dá um frio na barriga maior, mas aí eu lembro: "espera aí, eu já fiz essa palestra várias vezes... ué, tá de boa!". A interação é um pouco diferente, e eu vou falar isso na parte de palestras: ter interação com o público é fundamental e tem diferença entre interação *on-line* e presencial. O que eu quero dizer é o seguinte: quanto maior é a sua preparação, automaticamente mais autoconfiante você fica.

É importante observar que quando você se prepara você não se cobra tanto. Existe uma situação chamada "síndrome do impostor". O que é isso? É quando as pessoas, por mais qualificadas que sejam, ficam se martirizando e dizendo para si mesmas que não são capazes, e ficam duvidando de si mesmas com pensamentos como "ai, eles vão descobrir que eu não sou nada daquilo tudo que eu pareço". Isso é normal, então não se julgue, pois pessoas extremamente qualificadas também têm isso lá no fundo.

Agora, quanto mais você se prepara, menos isso acontece – ou pelo menos você luta melhor contra isso. É lógico que também existem outras considerações, como quando você tem pessoas ao seu redor que acreditam em você e estão torcendo pelo seu sucesso.

Então eu quero apresentar o seguinte: se é a sua primeira palestra, primeira *live*, primeiro *workshop*, primeira reunião importante, treine muito. O treino é o melhor remédio a favor da performance. E se a sua performance é boa, você percebe. Se você faz uma palestra presencial, você vê nos olhos das pessoas, e quando você faz *on-line*, você percebe se o pessoal está gostando pelos comentários, por exemplo. Não precisa perguntar, você percebe. Treino está relacionado à performance.

Isso não significa que você precisa querer ser o melhor de uma vez só. Não vai ser na primeira vez que você vai conseguir ser o melhor, mas quem sabe, continuamente, passo a passo, você consiga. É mais proveitoso melhorar todo dia um pouquinho do que achar que você já é o melhor. Melhore sempre mais. Vá aos poucos, não se cobre desnecessariamente.

Eu já fiz palestra que eu achei que tinha sido péssima, e estava me cobrando muito, até receber *feedbacks* do tipo "não, cara, foi a melhor palestra do evento!". E eu estava me cobrando como se tivesse sido a pior palestra da minha vida. Nessa palestra em específico, eu tinha começado mal – e começar mal uma palestra ou uma reunião é a pior coisa. Vamos falar um pouco mais sobre isso nos próximos capítulos.

Eu também gostaria de ressaltar que quanto mais treinado você está, mais natural você fica. Por exemplo, se você assistir à aula 3 do curso complementar a este livro, vai perceber que lá no curso eu estou confiante e preparado. Aparecem tópicos na tela, mas eu não leio os tópicos, eles estão ali apenas como um lembrete. Eu não leio os *slides* para os meus alunos, é natural. Por quê? Porque esse conteúdo eu já fiz para muitas pessoas. Eu já dei mentorias, fiz cursos, *workshops*, ajudei pessoas, já apresentei esse material aos meus times e também gravei outros cursos anteriormente. Então estou acostumado com isso. É natural, eu estou falando o que eu conheço, me preparei para isso e tenho certeza de que esse conteúdo pode ajudar você, então é isso que você tem que fazer: se preparar. "Ah, mas eu tenho uma reunião importante!" Prepare-se 10x mais, para entregar 10x mais do que as pessoas estão esperando. Elas ficarão surpreendidas.

Quando você comprou o livro você tinha uma expectativa, e eu quero te entregar muito mais do que você esperava ou do que você precisa, porque em algum momento você vai usar. Então a preparação é muito importante não só para você ficar confiante, mas também para ficar natural. Você já deve ter participado de palestras, aulas ou *workshops* em que as pessoas ficam lendo *slides*. Está errado! Um palestrante, um professor ou alguém que faz *live* não tem que ficar lendo *slides*. Leitura é feita em casa. Na hora da apresentação você está lá para desenvolver o conteúdo, para enriquecer e complementar. É isso que você precisa fazer nas suas palestras, aulas e reuniões, pois transmite confiança para quem está assistindo, e também transmite confiança para você, pois fica mais natural. Há pessoas que acabam parecendo um robozinho, e quem é robozinho não é nada natural. As pessoas percebem isso. Você precisa estar à vontade, e a preparação vai te ajudar muito nisso.

Eu, além de palestras e *workshops*, também faço bastante o papel de mestre de cerimônias. Já fui apresentador de grandes eventos presenciais e *on-line*. E eu tenho o meu estilo, eu não fico copiando ninguém. De vez em quando eu brinco, faço conexões de uma palestra com a outra. E quem me contrata? Quem gosta desse tipo de trabalho! Eu não vou de terno e gravata, e não fico fazendo formalidades como: "agora vamos receber o senhor Fulano de Tal, que é da Vila da Covinha e faz isso...". Esse não sou eu. Quando o evento necessita, eu até tento ser um pouco mais formal, mas não é a minha essência, então eu não vou ser 100% formal, entende? Eu posso ficar no meio termo. Claro que quando é um evento meu, da Jornada Colaborativa, por exemplo, ou um evento que eu organizei, eu acabo ficando mais à vontade, e aí "o céu é o limite". Mas quando uma empresa me contrata para ser mestre de cerimônias, eu vou sentir o público, eu vou sentir como a organização está acostumada a fazer e vou "combinar o jogo". Tem gente que vai falar que "não, porque a mão tem que gesticular dessa maneira, a voz tem que ter essa tonalidade". Cuidado, porque se você não se comportar como você mesmo é pior. Mesmo se você se produzir por completo, se não estiver bem consigo mesmo, pode acabar se saindo mal.

Muitos vídeos no YouTube dão dicas, livros etc. que dizem que você precisa fazer um montão de coisas. Acontece que se você ficar muito preocupado em fazer aquelas coisas, você esquece de ser você primeiro e acaba esquecendo de ser natural na entrega do seu conteúdo, que é o mais importante. As pessoas estão lá para serem transformadas pela entrega do seu conteúdo. É igual a este livro. Eu estou comprometido a entregar o melhor que eu tenho para você se transformar. Eu estou só na primeira parte aqui, e haverá mais partes. São oito partes, e em cada uma delas eu vou mergulhar nos assuntos para você ficar forte e sair arrebentando. E é claro que, por exemplo, se a pessoa fala muito rápido ou muito devagar acaba atrapalhando ou fica monótono. Um tom só é ruim, e eu vou falar sobre isso também, mas não adianta seguir todas as coisas de um *checklist* perfeitinho e não ser você mesmo. É muito pior. As pessoas aceitam quem não é o orador perfeito, ou o palestrante perfeito. O que elas não aceitam é um robozinho, ou alguém que está lá só para cumprir uma tabela. E quando eu digo aceitar, não é aceitar no sentido de serem maldosas, mas inconscientemente elas percebem e podem pensar "ih, olha lá, tá só representando um papel, não é ela mesma!". Então é necessário ter realmente uma atenção especial com esse mérito.

Agora, voltando à preparação, quanto mais bem preparado você estiver, menos pensamentos negativos você vai ter. Imagine que você vai para um evento importante, um *workshop*, uma reunião ou palestra, e você não se preparou o suficiente. O que geralmente passa na cabeça das pessoas são pensamentos como "caramba, vai dar ruim", "vão fazer uma pergunta que eu não sei", e elas ficam ruminando aquilo por muito tempo, e isso é só derrota. Derrota pura. Por quê? Nós temos em média 6 mil pensamentos por dia. Há estudos que dizem 8 mil, estudos que falam 10 mil, mas eu vou seguir com o estudo que aponta para 6 mil pensamentos por dia em média. Quer dizer que se eu penso muito em coisas ruins, automaticamente o meu cérebro acredita e começa a reagir às coisas negativas que eu estou pensando. Então se você chegar em uma palestra e começar a pensar coisas do tipo "ih, caramba, eles vão me desmascarar", "ai, acho que eles não estão gostando", você só vai piorar a situação para você mesmo. Tem que ser o contrário! Você precisa entrar lá com a certeza de que você se preparou, de que vai entregar o melhor conteúdo, vai ajudar muitas pessoas e que vai dar tudo certo. Mas é necessário que esses pensamentos sejam verdadeiros, você tem que acreditar nisso. Não pode simplesmente ir lá para o seu compromisso, não se preparar, não ter paixão pelo conteúdo e estar lá só para cumprir tabela. Não vai adiantar você ficar dizendo essas coisas para si mesmo e tentar se enganar, porque você sabe a verdade. Então o seu pensamento tem que estar em linha com o seu conteúdo. Eu vou falar, na Parte 2, como você faz para criar um roteiro magnético! Magnético é aquilo que te prende, você fica apaixonado por aquilo, para então poder apaixonar os outros. Você magnetiza no bom sentido. Então, lembre-se de tomar cuidado com o pensamento negativo. Preparar-se reduz o pensamento negativo.

Nós tomamos muitas decisões inconscientes, e a sua decisão na hora do palco vai depender do quão preparado você está. Se você se preparou bem, você vai se sentir leve, vai andar naturalmente no palco, vai ter segurança de olhar para o público e de deixar alguém fazer perguntas pois você se preparou. Você não é perfeito, você não é o dono da verdade, ou a dona da verdade, mas você está preparado. Então o seu pensamento é positivo, e as suas decisões são positivas. Se alguém levantar a mão e dizer que não concorda com o que você falou, você vai estar preparado até para convidar aquela pessoa a apresentar a sua opinião, sem ficar de cara feia só porque aquela pessoa não concordou. Então as suas decisões vão refletir aquilo que você realmente conseguiu atingir com a sua preparação e também os seus resultados anteriores.

Vou mergulhar mais profundamente nisso quando eu apresentar a parte de palestra do livro – por exemplo, como é que você se prepara para fazer uma palestra. E depois para reunião, para *workshops* e para *lives*. E você vai ver que você vai decolar nas próximas partes.

4. O que você nunca deve fazer?

Neste capítulo você vai aprender o que nunca fazer em uma preparação, no início de uma palestra ou em uma reunião. Isso é muito importante, e eu vou trazer alguns elementos das minhas experiências e bases sólidas de vários livros que eu estou sempre lendo para ajudar a entregar o melhor conteúdo para você.

Primeira coisa é justamente não se preparar. Como já vimos no capítulo anterior, se você entrar despreparado em uma reunião, em uma palestra ou em um evento, qualquer coisa que seja, vai acabar se saindo mal. Tem gente que confunde improviso com falta de preparo. Quem improvisa bem é quem se preparou. Eu faço bastante em eventos moderação de painel, e as pessoas ficam impressionadas a ponto de me dizerem "nossa, Muniz, você consegue improvisar!". Por que eu consigo improvisar? É porque eu já estudei muito o tema antes. Eu pratico, eu ensino, então eu estou sempre aprendendo, lendo livros, conversando com pessoas com experiências variadas... não é o acaso. Uma pessoa que não tem muito repertório precisa estudar, fazer um roteiro e não pode fugir muito dali. Então a primeira coisa que você não pode fazer é justamente não se preparar. Isso nunca.

Agora, falando de coisas práticas, nunca reclame da plateia. Nunca! Jamais chegue reclamando. Se você dá bom dia e as pessoas não respondem, não reclame. Não reclame também de problemas com o *slide* nem do tempo que deram pra você falar. Por que não pode reclamar? Porque você já vai chegar perdendo, e você aumenta o seu medo, você acaba entrando num embate. Se você chega em uma reunião reclamando que seus colegas de equipe estão atrasados, por exemplo, você já perdeu aquela reunião. Você não sabe o motivo que fez as pessoas se atrasarem, então por que você vai reclamar ou criticar?

Também nunca diga que não teve tempo de preparar o conteúdo. As pessoas vão ficar frustradas, pois elas estão lá sentadas preparadas para ouvir o conteúdo que você deveria ter preparado, e você diz que não teve tempo para isso. Isso é um erro gravíssimo.

Não afirme que você está falando de qualquer jeito alguma informação por qualquer que seja o motivo. Você só tem a perder com isso.

Também não alongue a sua apresentação pessoal, isso desconecta muito o seu público. Por exemplo, você tem 20 minutos para fazer a palestra e fica 5, 10 minutos se apresentando, mostrando suas formações e passando um ar de "olha como eu sou incrível". Você possivelmente vai sair derrotado de lá. Então entregue e foque no conteúdo.

Eu vou apresentar, na parte de palestras, como você faz uma abertura incrível, que vai arrebentar.

Uma coisa importante que as pessoas não entendem, e eu vou falar muito disso, é que jamais devem começar desanimadas ou inseguras. Nada de pensar ou falar para o seu público coisas como "ah, nossa, eu não gosto muito desse tema, mas é o que sobrou para mim né?", ou então falar com um tom desanimado como se não quisesse estar lá apresentando. Eu lecionava, alguns anos atrás, uma matéria que tratava de COBIT. Meu Deus! Que aula chata. Mas eu fazia de tudo na minha cabeça para não transparecer para os alunos. Eu trazia exemplos malucos de governança com COBIT com mais um monte de coisas. Por quê? Porque se eu achasse que a aula era horrível, e não me reinventasse, a aula ia ser muito pior. Embora COBIT seja muito teórico, com muito decoreba, tem o seu valor lá na aula. Então não comece desanimado, inseguro, e não diga no meio da apresentação coisas como "é, gente, eu não sei, estou em dúvida...". Ninguém gosta de ouvir isso, só vai mostrar que você não se preparou, e as pessoas vão achar ruim o fato de você estar lá dando aquela aula ou fazendo aquela palestra. Eu estou sendo muito direto nesse ponto, porque isso também aumenta o medo. Se você não confia em você mesmo, por que os outros vão confiar? Cuidado com isso, é muito sério.

Outra coisa também que nenhum palestrante de sucesso recomenda fazer é começar contando uma piada. Não faça isso. Por quê? Porque se você conta uma piada no início, as chances de a pessoa rir são menores – talvez as pessoas não te conheçam e a piada não tenha ligação com o conteúdo, portanto não é recomendado começar com uma piada, a não ser que você seja um humorista, ou um *showman*. Talvez você consiga, mas é um risco. Se der certo, beleza. Se der errado, você acabou com a sua apresentação, ou vai te atrapalhar bastante. Vai te causar a impressão de que o pessoal não é receptivo. Um exemplo meu: tem uma palestra de *DevOps* onde eu junto *Lean*, *DevOps*, agilidade e cultura de produto. Eu já fiz essa palestra em várias cidades. Mas existem cidades em que as pessoas são mais "na delas". A palestra é a mesma, até a minha abordagem é a mesma, e cada público reage de um jeito diferente. Você precisa conhecer o seu público. Talvez você vá fazer uma palestra em um ambiente, ou em uma empresa, que fique hostil a você. Cuidado, pois fazer uma piada no início de uma palestra nesses lugares pode ser ruim.

Outra coisa muto chata que você deve evitar fazer é ficar dizendo "ih, dei mole", "vacilei", pois isso abaixa a sua moral. Essas coisas são boas de você manter na mente, porque só pelo fato de você evitar fazer já te ajuda a não se sentir derrotado. Se você está dando um conteúdo muito chato, com muita teoria, as pessoas podem acabar se desconectando da sua apresentação também, então se prepare bem e organize como você vai passar aquele conteúdo de forma agradável e boa. Pode até ter uma pitada de humor ou uma coisa mais descontraída – claro que sempre mantendo o conteúdo sólido, realmente embasado. Mas a verdade é que se o conteúdo estiver chato, as pessoas desconectam.

Outra coisa que se torna incômodo para todos é a tentativa forçada de fazer uma venda, pois se acabar forçando muito as pessoas vão perceber. Mas isso depende de equilíbrio, porque ninguém se incomoda se você apresentar um *case* seu, um resultado que o seu mentorado teve ou alguma coisa do gênero. Não há problema nenhum nisso, o que não pode é ficar muito forçado, e às vezes a gente erra nisso. Eu digo "a gente" porque eu também sou humano e errei muito no passado também. Já passei do ponto nisso, e teve horas que as pessoas queriam que eu falasse de um resultado meu, ou da minha equipe, e eu não falava com medo de exagerar, mas em outras horas eu exagerei. Entende? Você precisa ter um equilíbrio – na dúvida, não exagere.

Neste capítulo, a ideia é começar um *overview* do que não fazer. Lá na parte final eu vou aprofundar mais o que você não deve fazer nunca. Aqui é mais para você perder o seu medo, porque se você ficar desanimado ou inseguro, por exemplo, você percebe que as pessoas também ficam. Nós somos "espelho". Existe uma descoberta na neurociência que se trata de "neurônios espelho". Então se você chega lá na palestra ou em uma reunião, por exemplo, e começa a falar desanimado, você passa esse desânimo para as pessoas. Mas se você chegar lá mais empolgado, e mais animado, você também passa para as pessoas. Então cuidado: se você acha que você passa um aspecto desanimado e justifica com "é porque eu sou assim mesmo", a sugestão da vez é que você tente mudar, pois eu sei que você consegue mudar e começar a dar energia para contagiar as pessoas. Você deve ter esse cuidado, principalmente com uma palestra. No curso deste livro, por exemplo, você provavelmente estaria assistindo em casa, caminhando ou deitado, enfim, não há necessidade de eu ficar pulando e saltando para chamar a sua atenção, pois seria uma situação mais individual, entre nós dois, como uma conversa entre amigos. É claro que de vez em quando eu vou colocar algo mais engraçado, um exemplo real, vou variar a voz para quem estiver ouvindo o curso, pois isso é importante. Vou variar a minha animação, variar o tom, de vez em quando dar uma pausa, isso é normal, eu faço isso até naturalmente. Mas você pode treinar isso depois, e eu vou te ajudar. É importante, e eu vou te ensinar isso neste livro, assim como ensino no curso.

Lembrando que, em uma palestra, *workshop* ou reunião importante, você precisa estar "a mil", mas sendo você, sem forçar. Também vou falar sobre isso. Você não precisa ficar pulando, saltitando. Você precisa seguir a sua essência, e eu vou falar justamente disso no final desta parte aqui.

5. *Case* real

Agora eu vou te apresentar um caso real de uma pessoa que eu mentorei e já teve grandes resultados aplicando o conteúdo seja de comunicação, palestra ou reunião. Ela coloca um pouco do crédito na minha mentoria, e eu acho que é legal compartilhar exemplos de pessoas de carne e osso. Para detalhar um pouco mais o seu exemplo sem correr o risco de expor as suas individualidades, vou chamá-la de Luísa, que é o nome da minha amada filha. Em 2019 ela participou de um *workshop* presencial que fiz sobre *DevOps* no Rio de Janeiro e ela entrou no meu programa de mentoria em 2021. E o interessante deste exemplo é que ela era uma pessoa que queria melhorar a sua autoconfiança e reduzir o medo de participar de reuniões executivas. Esse era o principal objetivo dela.

E aí eu fui fazer a primeira mentoria individual. Conversando com ela, eu pensei: "cara, essa mulher é fera demais!". É interessante, porque ela não enxergava o quanto ela já era preparada. Falava bem, se posicionava bem, mas lá no fundo ela precisava de um empurrãozinho.

E agora eu quero falar sobre você. Talvez você nunca tenha tido a oportunidade de fazer uma palestra, um evento, uma reunião, um *workshop* – ou, na hora de se posicionar, você não consegue falar nada e fica calado. Te falta confiança. Era essa falta de confiança que a Luísa tinha, principalmente em reuniões executivas. Ela já fazia facilitação, era agilista e já fazia reuniões, além de se comunicar muito bem. Ela tinha essa facilidade de comunicação, mas em reuniões executivas ela dizia que não conseguia se sair bem, pois ficava muito nervosa. Grande parte do que eu passei para ela, e para outras pessoas, você já aprendeu aqui. A primeira coisa que eu trabalhei muito com ela foi a preparação. Só que trabalhamos com uma preparação envolvendo uma linguagem executiva. Uma reunião executiva é diferente de tudo o que você faz: você tem que ter uma visão mais estratégica e trazer resultados na linguagem do executivo. Foi um pouco disso que eu passei para ela. E hoje eu tenho orgulho da Luísa. Atualmente ela trabalha em um banco de referência e já liderou um evento incrível transmitido para mais de 1.000 pessoas e com aproximadamente 300 pessoas presenciais em São Paulo. A mesma pessoa que quando bateu na minha porta disse "Muniz, eu não consigo ter muita segurança para reuniões" acabou arrasando em um evento onde também havia executivos. Depois ela gravou comigo um *podcast* com o seu diretor e também arrebentou lá.

Luísa tinha um potencial incrível, só não tinha confiança para algumas coisas. E você pode ser uma dessas pessoas hoje. Coloque em prática passo a passo, mas não precisa ser hoje, você ainda está na Parte 1. É claro que já dá para aproveitar muita coisa, mas imagina lá no final do livro? Você vai estar muito preparado, e esse é o meu objetivo com você. Igualzinho como eu ajudei a Luísa, eu quero te ajudar também. E no caso lá da Luísa, quando você resgata a sua autoconfiança e gera resultados, a sua autoconfiança aumenta e você gera mais resultados. Eu vejo hoje um futuro enorme para a Luísa, porque ela agora destravou.

Você já dirigiu um carro com o freio de mão puxado? Eu já fiz isso. Um dia desses, eu estava tentando andar com o carro, e ele não andava. Depois de um tempo, eu vi que tinha alguma coisa "apitando", e era o freio de mão do carro que estava travado. Tem várias pessoas que eu mentoro onde eu vejo esse freio de mão travando, e eu imagino aonde essas pessoas vão conseguir chegar se elas tirarem essa trava.

A Luísa é uma dessas pessoas. Ela não percebia o quanto de potencial ela já tinha dentro dela. Ela precisava só de uma orientação, e é essa orientação que eu estou te trazendo aqui a cada capítulo. Você vai destravar e vai arrebentar. Hoje a Luísa faz *live*, já fez palestras, organizou eventos e lidera livros da Jornada Colaborativa. A mesma pessoa que achava que precisava aumentar a sua autoconfiança hoje já aumentou, e o céu é o limite. Pensa nisso: você, na primeira palestra, na primeira *live*, talvez fique travado e é normal. É igual andar de bicicleta, vai chegar uma hora que vai se tornar natural. Eu espero de verdade que a Luísa inspire você. Principalmente as mulheres, já que conseguem se conectar muito mais facilmente com outras mulheres. Então a cada parte do livro vou trazer um exemplo para te inspirar. Você pode pensar: "pera aí, eu sou igual a Luísa no passado, agora eu estou arrebentando". Tenho certeza de que você pode se transformar. A ideia desses *cases* é isso.

6. Conteúdo bônus e livros

Neste capítulo eu vou te apresentar um conteúdo bônus para você assistir quando você estiver interessado em se aprofundar mais nos temas. Também vou te apresentar livros para você se tornar um especialista mais forte do que você já é hoje. É lógico que, como eu já falei, não é obrigatório você comprar os livros recomendados para obter seus bons resultados que este livro aqui já promete.

A primeira dica é a seguinte: eu tenho dois *podcasts*. Um deles é o **Advisor10XCast**, que você pode encontrar no Spotify, onde eu faço *lives* e conteúdo para melhorar sua carreira. Tem vários episódios para você ouvir lá, mas eu separei dois para você complementar a sua experiência aqui da primeira parte do livro.

O primeiro é o **Episódio 10** sobre **autoconfiança**. Eu falei lá, e até fiz um resumo do capítulo de um livro muito bacana chamado "As 16 leis do sucesso" (2017). Eu falei bastante sobre autoconfiança e como você faz para melhorá-la. Eu falei bastante sobre autoconfiança aqui na Parte 1 do livro, e vou continuar falando em outras partes, mas eu sugiro que você ouça esse episódio. Contém em torno de uma hora de duração.

O segundo é o **Episódio 15** sobre **autocontrole**. Autocontrole é muito, muito importante. Sem autocontrole, o medo vem, a raiva vem e a gente perde grandes oportunidades. Então fica aqui a minha forte sugestão. Tem outros episódios lá, e quando terminar este livro você pode ouvir os outros também. Você também pode me acompanhar pelo LinkedIn Antonio Muniz todos os dias nas *lives* de 7:30 da manhã. Mas seria muito importante você assistir os dois episódios citados, pois o objetivo desta parte do livro é você transformar o seu medo em força e energia. Então você tem que aumentar a sua autoconfiança e o seu autocontrole. Nesses dois episódios eu coloco em outras palavras o que você já aprendeu aqui. Tenho certeza de que se você começar a aplicar no seu dia a dia os aprendizados, você já vai ter grandes resultados. E se você ouvir esses dois episódios vai melhorar mais ainda.

E agora eu gostaria de indicar dois livros.

O primeiro é "Flow" (2020), um livro incrível do Mihaly Csikszentmihalyi. O autor passou anos se dedicando a entender tudo aquilo que nos coloca em *flow*. O que é *flow*? É aquela atividade que você faz em alta performance, que te faz entregar grandes resultados e você não percebe o tempo passar. Pensa lá, na sua vida, quantas coisas incríveis você já fez e não viu passar o tempo. Pode ser até um hobby. Por exemplo, quando eu era garoto, eu adorava ficar jogando futebol com os meus amigos. Eu ficava o dia inteiro e nem almoçava – para mim o tempo não passava. Isso era *flow*. Imagine que você tem um hobby e gosta de tocar um instrumento, como uma guitarra, por exemplo. Você fica treinando, treinando, e não vê o tempo passar. Isso também é *flow*. Agora, a descoberta incrível desse autor é que, na maioria das vezes, as pessoas ficam em *flow* no trabalho, porque elas fazem aquilo para o qual elas têm talento natural, e elas se prepararam para isso. E eu quero que você entre em *flow* na sua palestra, na sua *live*, no seu *workshop* ou até na sua reunião. Quero que você faça um negócio tão bem feito que você não veja o tempo passar – e, ainda melhor, quero que as pessoas que assistam sua palestra, sua *live*, reunião, ou *workshop*, reconheçam que o seu conteúdo é incrível e enxerguem a paixão que você tem enquanto passa esse conteúdo. Eu mesmo amo compartilhar conteúdo que ajuda as pessoas. Isso para mim é *flow*. O conteúdo do livro é um pouco pesado em alguns momentos, mas vale a pena ler totalmente.

O segundo livro chama-se "Descubra seus pontos fortes" (BUCKINGHAM; CLIFTON, 2017), e é até mais importante que o primeiro. É um livro muito interessante que fala de um estudo profundo e de algumas atividades práticas de como você pode descobrir os seus pontos fortes. Você vai ver que ele é fininho, mas o conteúdo é muito valioso. Foram feitas pesquisas com milhares e milhares de pessoas para consolidar como você descobre os seus pontos fortes. Não é obrigatório, eu já disse tudo o que você precisa para isso, mas fica aí a dica desse ótimo livro para você fortalecer o seu autoconhecimento, que é muito importante.

PARTE 2.
CRIE SEU ROTEIRO MAGNÉTICO

Nesta parte eu vou mostrar como você constrói um roteiro magnético. Por que eu dei esse nome, "roteiro magnético"?

Porque a ideia é que você construa um roteiro das suas aulas, palestras, *workshops*, *lives*, reuniões, para que você tenha segurança. Lembra? Eu te ensinei lá na primeira parte como você transforma o medo em energia. Não há como fazer isso se não tiver segurança no que você vai falar. Então eu vou te ensinar, nesta Parte 2, como você cria um roteiro com "a sua cara", sem ser artificial e sem usar técnicas robotizadas. É importante destacar que esta parte é base fundamental para qualquer outra parte do livro.

A Parte 2 é uma base para tudo o que vem. Talvez você leia o livro pensando "tá, mas eu só estou interessado na parte de palestra ou *workshop*", por exemplo. Nesse caso, eu te indico a ler a Parte 1 e a Parte 2 e pular direto para a parte que você se interessa mais, pois vai ser o suficiente para você. Mas, é claro, quem quiser ser um Comunicador 10x ou uma Comunicadora 10x, vai ler todas as partes.

Voltando para a Parte 2, quais capítulos você vai encontrar aqui?

O primeiro capítulo vai ser sobre *storytelling*. O que você faz para criar uma história que realmente emociona as pessoas e que marca o conteúdo que você quer passar?

No Capítulo 2 falarei sobre analogias.

No Capítulo 3 falarei sobre a importância de você apresentar estudos e pesquisas.

O Capítulo 4 falará de experiências reais da vida.

O Capítulo 5, sobre como adaptar a sua fala ao público.

No Capítulo 6 vou falar sobre um *case* de uma professora de MBA que eu mentorei e que melhorou bastante sua comunicação em todos os aspectos.

O Capítulo 7 traz conteúdos bônus e livros.

A comunicação é muito mais do que as palavras que a gente usa. A comunicação é responsabilidade de quem fala, não de quem ouve. Você como um comunicador 10x ou comunicadora 10x precisa pensar nisso. A responsabilidade é nossa. Você vai observar que, durante os capítulos, você vai encontrar a mesma informação repetida com outras palavras, e até algumas conexões com coisas que virão à frente. É minha responsabilidade, e vai ser a sua também. Qualquer coisa que a gente faça, a gente não pode colocar a culpa em quem recebe a informação. A responsabilidade é sempre nossa.

Então a comunicação é muito mais do que apenas palavras, pois além das palavras nós temos o tom de voz e a expressão corporal. Tudo isso vai ser explicado aqui, mas é claro que um bom roteiro ajuda muito a ser eficaz e atingir o seu objetivo, a ser eficiente e fazer com que ao longo do tempo a pessoa se lembre do que você queria passar para ela e ajuda a gastar menos energia durante a sua palestra, *workshop* ou aula. Antes de um filme ser rodado, é necessário muito tempo investido no roteiro. Não é simplesmente sair gravando. E é justamente esse roteiro que eu vou ensinar você a criar.

Lembrando que a Parte 2 é a base para tudo o que vem pela frente durante este livro, mas é lógico que você vai utilizar essa mesma base de maneiras diferentes para situações diferentes. Por exemplo, você vai usar a base de uma maneira para palestras, de outra maneira para aulas e de outra maneira para reuniões. Então você vai adaptar de acordo com a sua necessidade.

1. *Storytelling*

O primeiro capítulo desta parte do livro é justamente o *storytelling*. Certamente você já deve ter ouvido falar sobre isso, e talvez até tenha alguma "reserva" ou preconceito em relação ao assunto. Confesso que eu também tinha, porque tem gente que abusa demais sobre isso, né? Às vezes dá uma forçada, fica artificial e muitas vezes fica até mecânico. Não é isso que eu vou te ensinar aqui, mas é importante saber usar o que há de melhor no *storytelling*.

O *storytelling* é a arte de contar histórias, então você desenvolve a sua fala para adaptar histórias com começo, meio e fim. E então você transmite uma história ou uma mensagem de maneira inesquecível usando elementos emocionais. Imagine: você vai para uma reunião da sua empresa e as pessoas começam a mostrar um monte de gráficos sem conexão nenhuma, não deixam claro o objetivo da empresa, nem como aquelas informações impactam o cliente. As pessoas esquecem. Se o palestrante metralha você de conteúdo, você vai esquecer tudo. Mas se você cria uma mensagem com início, meio e fim, destacando elementos principais, as pessoas vão lembrar do seu conteúdo e vão aplicar. Não adianta a gente fazer uma aula e um conteúdo só por fazer. A gente quer fazer para impactar, e por isso o *storytelling* existe, pois tem o objetivo de levar as pessoas do ponto A para o ponto B. Ou seja, você entra em uma palestra sem alguns conhecimentos e aprendizados e sai com esses conhecimentos e aprendizados preparado para aplicar. Essa é a ideia. Agora, o grande cuidado com o *storytelling* que você precisa ter, como eu já mencionei, é não criar algo artificial que não tenha conexão com o tema da sua palestra, reunião, ou qualquer outra coisa.

Quando falamos sobre *storytelling*, o modelo mais conhecido e usado é o modelo da Pixar. Você deve lembrar que os filmes da Pixar são muito impactantes, e inclusive hoje em dia é muito comum a gente ir ao cinema para assistir desenhos. Isso alguns anos atrás era impensável, e a Pixar é uma das grandes responsáveis por direcionar tanto a atenção do público adulto para filmes de animação. Eu tenho dois filhos pequenos, e todo desenho infantil que lança, que é quase um filme, eu vou ao cinema para assistir. E a Pixar é uma grande protagonista nessa situação. Tem uma história, uma mensagem, você sai melhor dos filmes da Disney, agora que ela comprou a Pixar.

Explicando um pouco sobre o modelo, existem três atos. O primeiro ato é simplesmente apresentação. Você apresenta os personagens, suas rotinas e personalidades até ocorrer algum evento que anuncia algum conflito. Algum problema acontece, alguma injustiça é mostrada, e os personagens ficam perdidos em relação ao que eles podem fazer para resolver aquela situação desagradável.

O segundo ato é a jornada. Ou seja, depois do conflito surgem outros acontecimentos que se tornam obstáculos para o protagonista da história que você vai contar. E aí existe uma jornada de transformação desse personagem. No final desse segundo ato, geralmente o protagonista se encontra no "fundo do poço". Muita gente usa isso para contar sua própria história. Você já deve ter visto bastante disso em palestras, livros, cursos etc., tem de tudo hoje. Alguns são bem sinceros e outros acabam exagerando. Então você tem que fazer seu *storytelling* de acordo com a sua essência. Eu sempre falo isso: a gente nunca deve copiar as pessoas achando que a gente vai arrebentar copiando alguém. Você precisa se inspirar em algumas pessoas para conseguir criar o seu próprio "jeitão". E é isso que eu vou ensinar aqui nesta parte.

O terceiro ato, que é o ato final, é a mudança. Ou seja, qual foi a transformação que aquele personagem teve. Então o personagem é reapresentado com uma nova rotina, e agora há um aprendizado, indicando que aqueles conflitos lá do segundo ato trouxeram alguns benefícios.

Essa mensagem acaba emocionando e impactando a audiência. Normalmente as pessoas se identificam com os personagens. Elas percebem que o que aconteceu com aquele personagem poderia ter acontecido com elas, e por isso há uma conexão.

Então é importante ter em mente desde já que quando eu começar a falar sobre palestras é importante você pensar sempre de trás para frente. Como assim? Quando você pensa em um roteiro, aproveitando que estamos falando de *storytelling*, você sempre pensa no final e vai montando as histórias e situações que levam para o final. Eu vou falar bastante disso lá na parte de palestras. Nós nunca deveríamos começar do início, e sim pensar na mensagem que queremos passar no final e irmos montando "de trás para frente". Isso eu vou explicar melhor lá na parte de palestra.

Quando falamos de *storytelling* é legal citar também outro método bastante conhecido, que é a Jornada do Herói. Joseph Campbell é o autor de um livro chamado "O

Herói de Mil Faces" (1989), que utiliza alguns termos bastante específicos de cinema, teatro e histórias mesmo.

O modelo da Jornada do Herói utiliza várias etapas similares ao modelo Pixar, porém ele tem um detalhamento maior. Então se você quiser mergulhar nesse modelo, você até pode comprar esse livro do Joseph Campbell, mas eu penso que se você alcançar a proposta principal dessa segunda parte do livro **Comunica 10x**, que é entender que você está falando com pessoas e as pessoas gostam de histórias, já vai ser mais que o suficiente. Existem vários estudos que mostram que está no nosso DNA prestar atenção em histórias. Essa é a ideia. Então o que eu quero passar para você aqui é: mais importante do que utilizar algum método é utilizar a sua própria essência. É importante você pensar que o conteúdo que você está entregando em uma palestra, *workshop*, *live* pode realmente ajudar as pessoas. Aí você pode contar uma história de, por exemplo, quando você começou no seu trabalho, ou quando você não utilizava uma ferramenta se você pretende apresentar essa ferramenta, ou como aquele processo novo te ajudou a gerar resultados, entende? E aí você pode usar esses modelos da Pixar ou da Jornada do Herói.

Certamente você já deve ter reparado nas pessoas que vendem cursos e produtos. Elas criam uma narrativa usando o modelo da Jornada do Herói. Alguns, até como eu já falei, acabam exagerando um pouquinho aqui e ali, e as pessoas acabam percebendo quando não é real. Então cuidado para não cair nessa tentação de exagerar.

Fechando aqui, o que eu gostaria de passar é que você pode pensar que *storytelling* naturalmente é algo que conecta as pessoas. Eu vou te apresentar alguns livros para você se aprofundar, e muitos deles vão falar sobre *storytelling*. Todo livro que fala de comunicação vai falar sobre *storytelling*. Por quê? Porque nós vivemos muito mais tempo nas selvas e cavernas do que trabalhando em empresas e vivendo na sociedade atual. Então a maneira que as pessoas usavam para passar conhecimento e entretenimento era através de histórias. Então isso está gravado no nosso DNA. Quando você está conversando com alguém e a pessoa está contando uma história você fica ligado, ou ligada, principalmente se a história for verdadeira. Você se impressiona ("uau!") e se coloca naquele momento. Os filmes fazem muito isso. Você "entra dentro da tela", não é? Você sente a dor do outro, sente a angústia e o prazer. Tudo isso está comprovado pela neurociência. Quando você conta uma história para as pessoas elas ficam bastante ligadas.

Eu uso um pouco dessas técnicas nas minhas palestras, nas minhas empresas, nos meus *workshops* e nas minhas *lives*. Mas eu procuro nem treinar muito para não ficar muito robótico, entende? Eu vou te ensinar coisas que eu aplico no meu dia a dia, mas lembre-se de ter cuidado com o *storytelling*, pois pode acabar ficando robotizado. Quando eu fiz o roteiro para este livro, é claro que eu usei todas as técnicas, inclusive o *storytelling*, mas eu procuro não "forçar muito a barra". Então tenha você também este cuidado.

Se a história for boa, use, mas a dica quente é: conecte a sua história com uma moral no final da sua apresentação. Por exemplo, eu sempre falo que durante um período da minha vida, mais ou menos na minha época de faculdade, eu era a pessoa mais quietinha da sala. Eu tinha uma vergonha enorme de falar, ficava na minha, muito tímido e quietinho, até que eu comecei a ensinar no meu trabalho o que eu sabia para as pessoas mais "júnior". Quando assumi a liderança de uma equipe, eu comecei a ensinar mais ainda, e percebi que eu adoro isso. E aí eu me desenvolvi. Entende? Isso é um *storytelling*. Eu posso contar isso na essência para as pessoas que nunca falaram em público, ou para quem tem medo, ou para quem nunca fez palestra, e é real. O grande lance do *storytelling* é que ele tem que ser real. Você não precisa fazer *script* nenhum, vem na cabeça. Claro que se você fizer uma preparação na sua cabeça vai te ajudar muito, mas a história precisa ser tão real que você não precisa de *script*, entende? Você fala, e as coisas acontecem. Eu tenho várias histórias que aconteceram comigo. E aí, dependendo do tema ou da situação, eu vou contar determinada história.

Então, uma coisa que você pode fazer é um catálogo das suas histórias, da sua carreira, da sua vida... faça uma lista. Quantas histórias? Vinte histórias você tem com certeza. E aí você pode pensar em uma história de acordo com a necessidade, para dar clareza. Você deve lembrar lá na primeira parte que eu falei da história do tubarão em Angra. Eu estava montando este capítulo e pensei: "espera, eu posso contar uma história que aconteceu comigo!". Meu coração disparou, eu fiquei nervoso achando que tinha um tubarão e não tinha. Essa situação foi causada pela parte do cérebro reptiliano, é o inconsciente que faz conosco, e a gente não percebe porque é muito rápido. Então foi uma história que aconteceu comigo e eu lembrei dela na hora de fazer o *script*. Isso você pode fazer. Agora, você já deve ter participado de palestras e eventos em que você percebeu que as pessoas que estão apresentando forçam a barra: "ai, porque eu passava fome... ai...", e às vezes não tem conexão com a mensagem, entende?

Então, para finalizar este capítulo, qual é a grande sacada? Você precisa fazer uma conexão entre toda a história que você conta e a moral dessa história, e com a mensagem principal. Se não, as pessoas vão pensar: "tá bom, contou a história, legal, mas e o *Quico*?" Lembra dessa expressão? Cuidado com isso. Se você não conecta a sua história com o tema da sua palestra, fica esquisito e as pessoas pensam que foi só para forçar a barra.

Uma vez eu fui em um grande evento, e o apresentador contou uma história sobre o filho dele que quase morreu e a ambulância não chegava... chocou o público e no final ele não conseguiu conectar com a mensagem principal. E aí as pessoas perceberam que ficou forçado, entende? A história era muito válida. Mas ele usou no lugar errado. E aí eu pensei: "putz, perdeu a oportunidade...". Ele contou uma história extremamente emocionante, mas não tinha conexão com a mensagem que ele iria passar logo em seguida. Então se você vai fazer um roteiro, é legal usar o *storytelling*, mas lembrando que você vai usar de maneiras diferentes em situações diferentes.

Por exemplo, em uma reunião executiva você precisa usar com moderação. Mas só para dar um exemplo de uma história que você pode usar em uma reunião, pegue a história de um cliente real. Eu falo muito isso nas minhas mentorias para executivos e para lideranças. Como você inspira o seu time? Traga um exemplo real de como a equipe é responsável por transformar a vida dos clientes, por gerar um produto ou serviço, que impacta na vida do cliente. Uau! Isso é uma história boa em uma reunião. Trazer uma história real de um cliente, do *feedback* dele, sendo positivo para parabenizar a equipe, ou negativo como sendo uma baita reclamação para gerar um senso de urgência e fazer as pessoas quererem resolver o problema. Você pode usar o *storytelling* conectado com a historia principal. Dá para usar em qualquer coisa que você faça.

2. Analogia

Neste capítulo você vai aprender uma das técnicas mais interessantes para você fazer o seu roteiro, que é o uso da analogia. O uso da analogia é muito importante porque ela simplifica conceitos complexos. A analogia vai trazer, por exemplo, uma conexão para o seu público com o dia a dia. Muitas vezes o conceito que você quer apresentar, seja em uma palestra ou reunião, é um conceito novo. É uma ótima situação para usar a analogia, pois você consegue conectar o seu conteúdo, às vezes complexo, com o dia a dia das pessoas. Então é muito importante você saber usar analogias, preferivelmente ligadas ao tema que você está apresentando. Algo que você fale com naturalidade e que não necessite que você fique lendo *slides* e decorando as paradas. Eu faço analogias com coisas reais, que eu vivi, ou que eu aplico. Se você percebe que uma pessoa está conversando com você, há uma conexão – e quando a pessoa usa analogias, melhor ainda.

Existem várias analogias que eu uso nas minhas aulas, sejam elas de tecnologia, de agilidade ou de liderança. Especificamente nas aulas de liderança, eu falo bastante de uma analogia envolvendo trapezista. Você já deve ter ido a um circo, mas se você não foi, lá costuma haver trapezistas que fazem várias acrobacias no alto. Em algum momento o trapezista pode cair, e por isso existe uma rede de segurança embaixo. E como ele sabe que tem uma rede embaixo ele arrisca mais, faz piruetas, pois ele sabe que, se ele errar, o máximo que pode acontecer é ele passar uma pequena vergonha por ter caído, mas não vai morrer. Agora imagine se não tivesse essa rede de proteção? Essa analogia eu uso para o papel da liderança. Toda liderança deveria ser reconhecida como a rede de segurança para a equipe, entende? Quando você trabalha para alguém em quem você confia que vai estar lá para apoiar e não para apontar o dedo se você errar, você vai muito mais longe. Você destrava o seu potencial. Eu acredito fortemente nisso, porque vejo resultados toda hora. Eu mentoro pessoas que querem assumir a primeira liderança, que querem fazer a primeira palestra, e eu sou a rede de segurança dessas pessoas. Quando eu atuo como mentor, eu sou essa rede de segurança. Aqui neste livro eu quero ser essa rede de segurança, eu estou trazendo exemplos reais para te ajudar. A rede de segurança é muito importante, pois teríamos poucos trapezistas arriscando a vida, se não fosse pela rede de segurança. E na empresa é a mesma coisa. Se nós queremos ter uma equipe inovadora que arrisca, nós precisamos ter uma cultura em que a equipe se ajuda. E a liderança dá o tom, ela é a mais importante nisso.

Uma outra analogia que eu uso, e que funciona muito bem para destacar os pontos fortes das pessoas, é a do cachorro e do macaco subindo uma árvore. Imagine que dois animais precisam subir uma árvore: o cachorro e o macaco. Quando eles começarem a subir, o macaco vai subir muito rapidamente, quase como em um estalar de dedos, e o cachorro não vai conseguir – por mais que ele tente, e arranhe, ele não vai conseguir. Talvez um gato consiga, mas o cachorro não. A analogia que eu faço com isso é a seguinte: um líder que não conhece os pontos fortes da sua equipe vai mandar o cachorro subir a árvore, e o cachorro não vai conseguir. Então o líder vai falar que o cachorro é incompetente. Não adianta o líder brigar com o cachorro porque ele não vai subir, e também não adianta o líder elogiar o cachorro dizendo que ele é incrível e incentivá-lo, pois o cachorro ainda assim não vai conseguir subir. Isso acontece muito na vida das pessoas dentro e fora das empresas. Se nós não conhecemos os nossos pontos fortes, nos sentimos derrotados por não conseguir fazer alguma coisa, mas com certeza todos nós temos pontos fortes, basta usá-los. Então esta é uma analogia que eu uso.

Outra analogia que talvez você já tenha ouvido falar é que eu batizei o chefe tóxico de "chefe Thanos". Se você ainda não viu, sugiro que você veja os filmes da Marvel, "Guerra infinita" e "Ultimato". O Thanos era incrivelmente poderoso e passou a vida toda para conseguir pôr as mãos em cinco joias que davam a ele o poder de fazer o que ele quisesse somente estalando os dedos. Eu sempre uso a analogia nas empresas de que o chefe Thanos nas empresas tem o mesmo poder do Thanos do filme. Se um chefe tóxico estalar o dedo, ele pode mandar as pessoas embora, envergonhá-las nas reuniões e tirar os melhores projetos delas.

E fechando o último exemplo prático de analogia, tem o novo Hulk. Se você viu o filme dos Vingadores "Ultimato", você vai notar uma diferença no Hulk. O Hulk tradicional tinha duas personalidades distintas. Ou era o Bruce, que era pacato, introvertido e muito inteligente, mas que não tinha a força do Hulk, ou ele era o próprio Hulk, que tinha muita força, mas não tinha a sabedoria do Bruce. Já no filme dos Vingadores "Ultimato", o Hulk aparece com as duas características. Ele tem muita força e também consegue manter a tranquilidade, e é isso que a gente precisa na liderança. Alguém que não é passivo demais, que deixa as pessoas pisarem nele, mas ao mesmo tempo não é arrogante, louco e brigão como o Hulk. Você equilibra as duas coisas: a força do Hulk e a inteligência do Bruce. Esse é o líder em que eu acredito fortemente. Quando eu ensino liderança, seja em palestras, *workshops* ou nas minhas aulas, eu uso essas analogias, e isso simplifica demais. As pessoas lembram e começam a refletir, por exemplo, se elas não estão sendo "muito Bruce", não sabendo se posicionar em uma reunião e deixando as pessoas se aproveitarem delas, ou podem acabar percebendo quando elas estão dando uma de Hulk louco. Logo, elas podem acabar tentando se igualar com o Hulk que tem força, mas sabe falar bem. Então pensa nisso: nas suas palestras, reuniões, qualquer coisa que você for fazer, e que eu vou falar nas próximas partes, use analogias. Tenho certeza de que você vai fazer um conteúdo muito melhor. Seu conteúdo vai ter esse roteiro magnético.

3. Estudos e pesquisas

Neste capítulo vou demonstrar como você pode usar estudos e pesquisas para o seu roteiro ficar melhor ainda. Uma coisa que você precisa ter sempre em mente é que, quando você coloca pesquisas aderentes ao seu tema, a sua apresentação fica incrível. Ou seja, você quer falar sobre Agilidade, por exemplo, aí você quer defender a tese de que as empresas que utilizam práticas ágeis são mais inovadoras e atraem os melhores talentos pois as pessoas gostam de trabalhar em ambientes mais auto-organizados etc. – é legal você comentar sobre isso. Mas imagina se você mostra uma pesquisa que demonstra exatamente isso? O Google, por exemplo, fez uma pesquisa incrível que demonstrou que segurança psicológica é o diferencial das equipes mais produtivas e inovadoras. Usar essa pesquisa para fortalecer os seus pontos sobre temas que abrangem segurança psicológica... uau! É muito bom.

É lógico que você tem que fazer uma associação também. Você precisa associar a pesquisa com a sua mensagem – sempre conecte para ter sentido. E aí tem um estudo que eu uso bastante, que mostra a importância de você explicar o porquê das coisas. Eu já li mais cinco livros que falam dessa pesquisa, que utiliza o exemplo da "fila da xerox". É uma pesquisa interessante porque, no passado, nós precisávamos tirar cópia das coisas na faculdade ou empresas, pois não tínhamos o celular para tirar fotos. Os mais jovens podem não ter passado por isso, mas muita gente passou pela fila da xerox. A situação da fila da xerox foi utilizada em um experimento com o intuito de mostrar a importância de falar o porquê, e consistia em alguém chegar na fila da xerox e pedir para "furar a fila". Os resultados desse experimento mostraram que 60% das pessoas deixaram o voluntário furar a fila na frente delas só porque ele pediu. Ou seja, a cada 10 pessoas, 6 deixavam furar a fila. Depois a pesquisa começou a variar o jeito que o voluntário iria perguntar ou pedir, e foi constatado que toda vez que o voluntario dava um porquê de ele querer furar a fila (por exemplo, "eu posso furar a fila porque eu estou com pressa?"; ou, mais simples ainda, "posso furar a fila porque eu preciso tirar umas cópias?"), a taxa de aprovação das pessoas aumentava de 60% para 93% a 94%. Ou seja, até um "porquê vazio" pode aumentar a chance de as pessoas deixarem alguém furar a fila.

Qual a moral dessa pesquisa? Eu uso isso aqui para os meus mentorados. Tem muita gente que eu mentoro que tem o objetivo de assumir papéis de liderança, assumir o executivo, ou a gerência na área de tecnologia, agilidade e afins, e aí eu explico para os meus mentorados que se eles justificarem para os superiores o porquê de eles estarem prontos para dar um salto na carreira, eles já vão estar se colocando lá na frente em relação aos outros, porque a maioria não vai pedir. Pensa comigo: se você não pedir, você vai ficar lá atrás, mas, se você pedir, 60% em média vai aceitar simplesmente por você ter pedido. Imagine então você chegar para a sua liderança hoje e dizer que você está preparado para assumir novos projetos e justificar mostrando que nos outros projetos você conseguiu entregar resultados em equipe e mobilizou pessoas? Você está justificando, e a chance de receber um "Ok" é enorme.

Você pode inclusive usar este livro como experiência prática. Depois que você terminar este livro, e enxergar valor no conhecimento adquirido, quem sabe você não chega lá na área de RH e pergunta: "olha, eu comprei um livro muito bom sobre como compartilhar conteúdo de maneira mais interessante, mais atrativa, e que gere conteúdo aqui dentro da empresa. Posso fazer uma palestra?", "Eu estou com um conteúdo aqui que eu quero compartilhar com a empresa toda!". Eu vou te mostrar mais à frente como é que você faz para criar oportunidades de compartilhar o seu conteúdo. Se você está se preparando, você vai chegar arrebentando, tenho certeza disso. Então use mais estudos e pesquisas.

4. Experiências reais da vida

Neste capítulo eu vou mostrar como você pode usar experiências reais da vida no seu roteiro magnético. É muito importante você associar tudo o que você aprendeu até agora, principalmente o *storytelling*, para criar um conteúdo ou um roteiro que use o seu dia a dia. Já falei com você sobre isso, se você usa o seu dia a dia nas suas palestras e nos seus conteúdos, você consegue conectar mais as pessoas. Porque as pessoas querem exemplos de carne e osso, e é importante destacar que nós aprendemos em geral de duas maneiras: **Nós aprendemos na repetição, ou quando é alguma coisa impactante.** São as duas maneiras que o nosso cérebro armazena o conhecimento.

Então, por exemplo, o impacto emocional... tente refletir sobre isso. Você deve lembrar de coisas de quando você tinha 5 anos de idade, 8 anos de idade, 10 anos, e assim vai. Se algo te marcou muito você lembra com certeza. Fica marcado. A nossa memória de curto prazo passa para o longo prazo durante o sono. E geralmente o que vai para a memória de longo prazo é algo que teve um impacto emocional muito grande. Ou foi alguma coisa muito boa, ou foi alguma coisa muito ruim.

Pensa no dia em que você ganhou aquele presente que você adorava quando era criança – você deve lembrar disso. O dia que você comemorou quando ganhou aquela promoção, o dia que você teve a festa de formatura, você deve lembrar dessas coisas em detalhes. Enquanto eu escrevo este livro, eu estou lembrando da minha formatura do ensino médio e foi incrível. Os meus pais estavam lá... meu pai morreu cedo, mas ele participou. Apesar de ser muito "fechadão", ele estava lá... então foi incrível, eu lembro como se fosse hoje, até mesmo os detalhes. Mas não lembro tanto da minha festa de formatura da faculdade. Eu lembro mais do ensino médio. Então, enquanto eu escrevia, me veio o que marcou mais emocionalmente.

E eu tenho a indicação de dois livros se você quiser aprofundar sobre como você aprende, como você usa o cérebro, que são temas que os novos estudos da neurociência, psicologia comportamental e economia comportamental, por exemplo, abordam.

E tem dois livros que são referência nisso: o primeiro é "Rápido e Devagar" (2012), e o segundo é "Previsivelmente irracional" (2020). São livros que vão mergulhar mais profundamente no que eu estou dizendo aqui nesse momento.

A segunda maneira de aprender, e que é a mais comum, é a repetição. E com a repetição você vai criando sinapses cerebrais. Já foi provado pela ciência que a gente não tem limitação de idade para aprender coisa nova. Estamos sempre abertos a aprender. Mas é claro que quando não tem aquele impacto emocional forte, temos que repetir e repetir, para criar caminhos novos no nosso cérebro. Lembrando que seria interessante você praticar as coisas que você aprende aqui neste livro, pois a prática é uma repetição. Se você ler esse livro apenas uma vez e acabou, você não vai lembrar de tudo, entende? Você vai lembrar daquilo que eu mais destaquei, daquilo que fez mais sentido para a sua vida – por exemplo, se você fez alguma palestra ou reunião recentemente, e achou que foi mal e sofreu, você está ligado ou ligada aqui para aprender e vai acabar lembrando de grande parte do que eu disse neste livro. Mas se você já é de boa, tem feito um trabalho bacana e quer melhorar, se você não conectar com a sua necessidade atual, você vai esquecer muita coisa do que você aprendeu. Então a repetição é muito importante.

Agora falando especificamente de palestras: como o tempo é pequeno, quando você usa experiências reais, isso te ajuda a marcar o conhecimento na sua audiência com certeza. Não adianta sair metralhando conteúdo. Tem palestrante que parece que não percebe que ficar jogando conteúdo incessantemente não resolve nada, as pessoas vão esquecer de tudo. É melhor um tópico em que você coloca um exemplo real, que facilita colocar em prática. É muito melhor do que sair metralhando conteúdo. Acredite em mim, são anos de experiência. Eu já fiz reuniões executivas em que a pessoa que apresentou anteriormente estourou o prazo. E aí, em vez de meia hora, eu tinha 15 minutos. Eu apresentei em 5 minutos o mais importante, com experiências reais daquele projeto para o nosso cliente, para a nossa equipe, e o quanto aquilo trazia benefício para a empresa. Eu, em 5 minutos, passei a minha mensagem e deixei 10 minutos para os executivos tirarem dúvidas. Foi perfeito. Imagina se eu passasse os 15 minutos metralhando conteúdo? O pessoal não ia lembrar de nada, já estavam todos cansados. Quando eu conectei uma experiência real do que o projeto trouxe para todos, *linkando* com resultados... uau! Isso chama atenção. Agora, como eu sempre falo, cuidado para não falar coisas sem contexto, ou coisas que não têm sentido para aquele momento. Temos que ficar espertos com isso, pois a mesma experiência real que você conta numa palestra e dá certo, numa reunião pode não dar, e vice-versa.

5. Adaptando sua fala ao público

Neste capítulo eu vou te mostrar como você pode adaptar a sua mensagem ao público. E isso é muito importante para o seu roteiro realmente ser um roteiro magnético. É interessante destacar que quando a gente vai fazer qualquer que seja a ação, para apresentar algum conteúdo em palestras, reuniões, é importante conhecer o público e adaptar a nossa fala. Por exemplo, o óbvio tem que ser falado. Pode parecer simples demais, mas talvez seja simples só para você, para os outros pode não ser. Eu costumo dizer que a liderança deveria ser a pessoa mais preocupada em dar uma mensagem clara. Porque tem gente que fala assim: "ah, eu falei, eles que não entenderam!". Negativo, quem é líder tem que ser didático. Muito didático, e precisa ajudar as pessoas a entender.

Se você trabalha com agilidade, *startups* ou como empreendedor, é quase certo que você ouviu o termo MVP. E se você vai falar sobre esse termo pela primeira vez em uma palestra, em alguma *live*, aula ou qualquer lugar que seja, você precisa pensar que tem pessoas lá que podem nunca ter ouvido falar nisso. Então você fala "olha, pessoal, a gente vai lançar o MVP, que é o Mínimo Produto Viável, para experimentar e validar com o mercado". Pronto, você já falou o que é. Uma coisa que eu sempre sugiro é evitar a frase "para quem não sabe". Quem não sabe pode se sentir diminuído, ou burro, e a mensagem que fica pode acabar se tornando ruim na visão dessas pessoas que não sabem. Simplesmente explique no meio da apresentação sem chamar a atenção de quem não sabe.

Agora, é importante lembrar que, independentemente de ser presencial ou *on-line*, é necessário interagir com as pessoas. Eu vou falar sobre isso mais à frente.

Como você interage com as pessoas? Depende se for um *workshop*, uma *live*, uma palestra, todas têm diferença. Mas é importante você perceber no olhar das pessoas, se é presencial, por exemplo, se elas não estão entediadas, pois você vai perceber se você falou algo importante e as pessoas estão "viajando". Então você explica com outras palavras. Quando a gente fala de adaptar a fala, sendo uma reunião ou uma palestra, você pode fazer perguntas.

Eu faço muita apresentação em eventos, às vezes faço também o papel de mestre de cerimônias em eventos presenciais e *on-line*. Agora supondo que eu esteja fazendo uma *live* sobre carreira, geralmente eu pergunto para as pessoas coisas do tipo: "qual a função que vocês exercem? Coloca no *chat* para eu ver", "quem está iniciando nessa área?". Se muitas pessoas disserem que estão em transição, ou que não sabem nada de agilidade, eu vou falar com mais calma e apresentar o conceito básico de agilidade. Mas eu já peguei turmas de MBA onde a grande maioria já era gerente de produtos. Nesses casos, eu não precisei ficar falando questões mais básicas porque eles já sabiam.

Então, se você interagir com a audiência, você vai identificar melhor como você pode fazer a sua adaptação no seu estilo. Outra coisa importante é que precisamos ser assertivos nas nossas falas e atitudes. O que é ser assertivo? É nem ser agressivo, nem ser passivo, principalmente quando você for falar com o seu público. Eu vou falar mais disso à frente. O uso do bom senso é bem-vindo para não atrapalhar a apresentação dos coleguinhas. Por exemplo, se você está em um painel apresentando um tema e se empolga e começa a falar demais sobre um assunto que não tem conexão com o tema dos seus colegas, você acaba atrapalhando a apresentação deles. Ou talvez você começa a estourar o tempo e só você fala – isso também é um jeito de atrapalhar. Ou se você está querendo se colocar como o dono da verdade e não está percebendo, também acaba atrapalhando. Então o equilíbrio vale muito na nossa vida. O equilíbrio é válido para nós nem sermos bobinhos e bobinhas, nem sermos chatos ou agressivos. O equilíbrio muda o jogo. Eu vou falar bastante sobre isso aqui nas próximas partes do livro.

6. *Case* real: roteiro para *lives* e palestras

Neste capítulo eu vou apresentar um *case* real de uma pessoa de carne e osso que aplicou os conteúdos que eu ensino e conseguiu conquistar resultados bem interessantes. Trago isso para incentivar, inspirar e para você enxergar que você também vai certamente conseguir os seus próprios resultados, se você se esforçar. É possível conseguir os resultados da sua própria maneira e no seu ritmo. Eu sempre falo que eu não sou daquelas pessoas que dizem que "se eu consegui, você também consegue", "Se um conseguiu, todos conseguem". Eu não falo isso pois cada um tem suas particularidades, seus pontos fortes e pontos fracos.

Mas ao final de cada módulo eu vou trazer um exemplo real de pessoas que eu ajudei a conquistar resultados, para você poder se inspirar nelas, beleza? E, no caso, como às vezes pode ter mais de uma pessoa no mesmo *case*, eu não citarei nomes para agilizar as coisas. Então eu decidi não citar os nomes reais porque existirão derrotas também. Eu vou trazer histórias de pessoas que sofreram um pouco mais para conseguir seus resultados, e aí não é legal ficar contando a derrota das pessoas. A gente pode falar das nossas, e eu até vou falar de algumas das minhas nas próximas partes do livro.

Esse caso em particular é legal, porque, quando eu falo de roteiro magnético, tem duas pessoas incríveis, mulheres que foram minhas mentoradas, que são líderes, agilistas de referência no mercado, que não tinham o hábito de compartilhar conteúdo. E essas duas pessoas adoraram o conteúdo do roteiro magnético porque, realmente, com um roteiro bem feito você reforça a sua confiança e reduz o seu medo. A Parte 2 do livro é justamente para isso, para ajudar a transformar o seu medo em energia e se tornar mais confiante e mais "pilhado", que é o tema da Parte 1.

Então, uma das pessoas desse *case* é professora de MBA hoje e mentora. Nunca tinha feito nenhuma palestra ou nenhuma *live*. E hoje consegue fazer palestras em grandes eventos, faz *lives*, engajou milhares de pessoas e ganhou uma confiança enorme através do roteiro magnético. É isso que eu quero apresentar aqui, que não saiu magicamente da minha cabeça de uma hora para a outra – existe sim um método, e se você fizer um roteiro bem feito como eu ensinei, você vai ganhar confiança para arrebentar nos eventos e nas reuniões.

A mesma pessoa que há um tempo tinha pavor de ir em reuniões, de compartilhar conteúdo, hoje é uma grande referência. Então, o que eu quero passar é que é possível, com trabalho e treino, conseguir grandes resultados. Quem sabe você também daqui a um tempo não vai estar fazendo suas *lives*, palestras ou até dando aulas em MBAs, em graduação e *bootcamps*, ou vai estar fazendo seu próprio *workshop*?

7. Conteúdo bônus e livros

Para encerrar este capítulo, vou passar algumas dicas com conteúdos adicionais e livros. Então, deixando claro, quando eu falo sobre conteúdo adicional, significa que eu vou trazer a recomendação de dois episódios de *podcasts* e dois livros.

O primeiro episódio de *podcast* que eu vou sugerir é o episódio 50 do *podcast* Líder Inspira no Spotify, que é o meu *podcast* sobre liderança. Esse episódio fala sobre a relação entre *soft skill* e *hard skill*. Por que isso é importante? Porque para você construir um roteiro magnético, você precisa somar duas coisas: *soft skill* e *hard skill*.

Só para deixar claro, ***hard skill* é o conteúdo técnico.** Então se você vai fazer uma palestra sobre liderança, tecnologia, agilidade, inovação, qualidade de software, LGPD, segurança da informação, qualquer que seja o tema, você precisa conhecer experiências práticas sobre o assunto. Então você precisa investir em *hard skill*.

E ***soft skills* são habilidades comportamentais.** Você precisa também ter um bom desenvolvimento interpessoal para não acabar virando aquela pessoa tóxica, que conhece muito e tem muita *hard skill*, mas não tem a habilidade para se comunicar, resolver problemas, colaborar ou fazer parcerias. Quem sabe no futuro até acabe virando um chefe Thanos.

As duas características são importantes, pois uma complementa a outra. E eu gostaria de destacar aqui, já que eu estou falando de roteiro, que você precisa escolher um tema para o seu roteiro, pelo qual você tenha paixão. E quando a gente tem paixão por alguma coisa, a gente compra um montão de livros, a gente assiste o curso, a gente assiste *live* e ouve *podcast*, entende? Aqui já vai sinalizar de maneira muito forte qual o conteúdo que você ama para você ter tempo de investir e aprimorar.

Dando o meu exemplo pessoal para não parecer que é teoria, nos últimos dois anos eu comprei mais de 100 livros de liderança, neurociência, agilidade, tecnologia, comportamento humano etc., porque eu queria aprender mais profundamente sobre esses temas. Comprei também um caminhão de livros sobre como falar em público e oratória, e eu estou sugerindo alguns para você. Mas eu não só comprei, eu li também, apesar de ainda ter mais de 50 livros para eu ler no meu *backlog*. Eu prefiro livros físicos. Mas o que eu quero falar é que você precisa investir sempre. Por quê? Porque talvez em algum momento você precise improvisar, e a gente só consegue improvisar se tivermos repertório. Então fica ligado nesse episódio 50 do *podcast* Líder Inspira, pois quanto mais você investe no seu tema, mais você se torna especialista sobre isso. E aí, quando você falar, as pessoas vão te dar atenção – e isso é *hard skill*. Mas não adianta também saber muito conteúdo técnico se você não sabe falar, se não tem didática, não tem empatia, não sabe trabalhar em equipe e não sabe liderar. Vai dar ruim. Precisa de tudo isso também, que são justamente as *soft skills*, para poder complementar as suas *hard skills*. Eu sugiro fortemente que você ouça este episódio, pois lá eu explico melhor sobre isso.

Também é muito importante você trabalhar uma coisa na sua cabeça, chamada **experimentação. O que é a cultura de experimentação?** É você não ter aquele plano fixo e dizer: "não, porque o meu roteiro é esse, e eu vou fazer isso para sempre". Não faça isso, porque existem coisas que acontecem às vezes no meio de uma palestra, uma reunião ou uma *live*, que não estão sob o seu controle. Você precisa ter essa mentalidade de experimentação. E eu me aprofundo bastante nesse tema no episódio 42 do meu *podcast* Líder Inspira também, que fala justamente sobre a importância da experimentação.

E agora dando um exemplo real de uma das minhas *lives* do LinkedIn que eu faço quase todos os dias às 7:30 da manhã (e se você não me segue ainda, sugiro que me siga no perfil Antonio Muniz; cada dia eu falo sobre um tema específico e abordo agilidade, colaboração, liderança, cultura de produto, inovação, carreira... tenho certeza de que você vai gostar). Nesta semana, durante a minha *live*, o meu vídeo "saiu do ar". A *live* é transmitida pelo LinkedIn e pelo YouTube (com o mesmo nome Antonio Muniz), e aconteceu de o vídeo travar. E eu sempre acompanho com o meu celular também para saber se não está tendo problemas na transmissão, e nesse dia eu notei que teve este problema de travar o vídeo. As pessoas do *chat* sugeriram várias soluções, e uma delas foi simplesmente continuar "como um apresentador de rádio mesmo". E eu decidi continuar sem o vídeo. Isso é experimentação. E aí eu fiz quase uma hora inteira de *live* só com o áudio. Eu poderia ter cancelado a *live*, mas não cancelei, e as pessoas continuaram até o final. Então, o que eu quero falar é isso: você vai ser um excelente palestrante, professor, ou uma pessoa que faz *lives* etc., principalmente se você investir em aprendizado contínuo e se você tiver essa mentalidade de experimentação. Nunca se cobre perfeição, pois não somos perfeitos, mas buscamos sempre melhoria contínua. Então esses dois episódios são muito interessantes para você ouvir.

Eu também gostaria de passar dicas de livros, sendo o primeiro deles "TED Talks" (2016), que é do Chris Anderson, Ele é o dono do TED, que são aquelas palestras de até 20 minutos em que as pessoas se preparam muito, fazendo seus roteiros magnéticos para arrebentar. E neste livro ele explica como criar um roteiro magnético, e como criar uma palestra incrível. E ele cita alguns episódios e palestras que ajudam fortemente a você pegar experiências de pessoas que são referências mundiais. Você vai aprender muita coisa.

Outro livro é do Dale Carnegie, "Como falar em público e encantar as pessoas" (2020). Neste livro, o legal é que ele mostra como você pode criar do zero uma palestra. E ele também comenta que você precisa começar de trás para frente, mas de um jeito diferenciado, que é: você pensar em um tema, não pesquisar nada, e ir anotando tudo o que você tem na sua cabeça sobre aquele tema. E aí vai pensando em algumas perguntas para poder complementar depois. Este livro também é uma referência.

O terceiro livro é o "Storytelling" (2019), que, como o nome já diz, tem tudo a ver com *storytelling* que eu falei aqui na Parte 2 do livro. Esse livro do Carmine Gallo aprofunda de forma mais clara como a Pixar, por exemplo, usa o *storytelling*, e outras pessoas também, como o Steve Jobs, que fazia palestras incríveis usando o *storytelling*.

Eu quero relembrar e deixar claro que você não precisa comprar todos esses livros. Essas são as indicações que eu faço para as pessoas que realmente querem se aprofundar no assunto. Este livro por si só, **Comunica 10x**, já fornece todos os elementos de que você precisa para ser um comunicador 10x. Mas de maneira alguma seria ruim você ter também esses outros livros que eu estou indicando.

Antes de entrarmos na Parte 3 do livro eu gostaria de fazer algumas observações fundamentais.

O primeiro ponto é que, lá na Parte 1 do livro, eu iniciei com você a jornada contra o seu medo natural de falar em público e ressaltei que praticar vai te deixar mais confiante. Quando você transforma o seu medo em energia, você arrebenta! O medo vai vir com certeza, mas se você se prepara, e toma um tempo para produzir o seu roteiro magnético, por exemplo, você se torna muito mais confiante.

Os conhecimentos que você adquiriu na segunda parte do livro, como eu já falei, mas quero reforçar, precisam ser refinados ao longo do tempo. Então você vai fazer seu primeiro roteiro para a primeira *live*, para a primeira palestra etc. Você observa o que deu certo e o que precisa ajustar, e aí você ajusta. Mas a ideia é você fazer uma sequência tão natural, e tão gostosa para você mesmo, que você acabe transmitindo isso para as pessoas, entende? Quanto mais confiança você tiver no seu conteúdo, e na sequência que você apresenta, você passa isso para as pessoas. Isso não é teoria, é um fato baseado em experiências, e até mesmo na própria ciência. Vários estudos mostram que quando você está confiante, conversando com alguém, numa *vibe* boa, e otimista do que você vai fazer, isso acaba passando para os outros. Quando você começa uma palestra confiante, cheio de energia, otimista e a fim de dar o seu melhor, você transmite isso para todo mundo, seja no presencial ou no *on-line*. Então, acredite em mim, a Parte 1 e a Parte 2 do livro são a base sólida para tudo o que virá. As outras partes você pode escolher focar só em uma e já praticar, dependendo da sua necessidade. Então você pode pular direto para o que você precisa. Mas é claro que, se você ler o livro todo, com certeza você vai ser mais forte em todos os aspectos de comunicação.

PARTE 3.
MÉTODO PARA REUNIÃO 10X

Nesta parte do livro eu vou mostrar como fazer reuniões muito melhores. O nosso objetivo é fazer **reuniões 10x**. O que é isso? São aquelas reuniões em que você consegue liderar, organizar e principalmente fazer a diferença. É uma reunião produtiva em que você consegue se destacar e ajudar os outros a se destacar também. Lembrando que, a partir de agora, eu vou começar a falar um pouco sobre as melhores práticas, ou seja, as práticas que geralmente funcionam melhor nas empresas e também em eventos.

Eu quero deixar claro que em cada parte do livro, a partir de agora, como a parte de reunião, *workshop*, palestra etc., eu vou apresentar como você faz as atividades antes e depois, e também como você evolui seguindo os passos que você precisa para subir de patamar e conseguir chegar no nível de uma **reunião 10x**, para você chegar sendo esse profissional protagonista que faz a diferença e se tornar essa pessoa que pratica o que a gente trabalha nesse método que é o **Comunica 10x**.

É muito importante manter em mente que uma reunião com a participação de executivos é muito diferente de uma reunião de equipe. Então eu vou mostrar aqui ações concretas para você se dar bem em reuniões executivas. E aí depois eu vou passar, como sempre, o conteúdo bônus e livros recomendados.

1. Antes da reunião

Imagine-se convocando pessoas para uma reunião – ou talvez tenham te chamado para participar de uma. O que você precisa ter na cabeça de imediato? Que você deve se preparar antes. Uma dica muito importante que eu dou é: **quanto mais importante for a reunião, mais você precisa se preparar.** Pode haver reuniões em que você vai aumentar em 10x o resultado com a sua participação, por ser uma reunião estratégica. Então, para essa reunião você precisa se preparar muito mais.

O que você tem que fazer antes da reunião? Identificar o objetivo e deixar ele claro. E aí você pode aplicar isso em vários tipos de reunião, como, por exemplo, uma reunião para tomar uma decisão, uma reunião para combinar uma melhoria de processos, uma reunião para resolver conflitos entre as equipes de departamentos diferentes, enfim. Precisa deixar claro qual o objetivo. Pode ser até mesmo uma *daily*. Será que as pessoas estão sendo produtivas na *daily*? Pode ser uma *planning*, uma *retro*... qualquer que seja a reunião, qual é o objetivo? As pessoas convocadas têm que ter essa clareza. E mais interessante é pensar se aquela reunião realmente é necessária. Às vezes uma reunião poderia ter sido evitada simplesmente pela possibilidade de resolver as coisas com um e-mail. Dando o meu exemplo, na minha empresa e nas iniciativas que eu executo, existem muitas situações em que apenas por mandar um áudio no WhatsApp de três minutos, você elimina uma reunião. Isso acontece com frequência. Muitas vezes não é necessário marcar uma reunião só para você comunicar uma direção ou orientar as pessoas da sua equipe. É claro que se for uma situação polêmica, que precise de um debate, é necessário sim haver reunião. Debates no "zap" não rolam. Também tenha cuidado com as pessoas que dizem que reuniões não servem para nada, porque muitas vezes, só de você participar de uma reunião "olho no olho", é possível resolver problemas complexos. Então eu convido a refletir. Será que aquela decisão importante que você quer comunicar precisa mesmo de uma reunião? Às vezes não. Deixe-me dar um exemplo concreto que aconteceu comigo semana passada.

Estou com um projeto bem legal juntando qualidade, *DevOps* e agilidade. E eu, como executivo do projeto, precisei passar algumas diretrizes para a equipe. E aí que com apenas um áudio de três minutos algumas situações foram resolvidas. Se eu convocasse uma reunião, precisaria chamar todo mundo, as pessoas poderiam deixar de trabalhar, ou de executar uma atividade importante, para ouvir uma reunião que às vezes nem precisava. Então é interessante saber quando você deve ser mais direto ao ponto, para não marcar reuniões desnecessárias. É importante ter esse equilíbrio.

Outra coisa essencial para fazer antes de uma reunião é justamente selecionar com critério quem vai participar. Quem vai ser convocado? Você precisa avaliar quais são as pessoas que vão estar lá para participar ativamente, quais vão participar como ouvintes e quais são opcionais. Se é uma reunião estratégica, ou executiva, você precisa avaliar quais são as pessoas fundamentais para estar lá para te apoiar nas paradas que você vai decidir, ou que você vai comunicar. Depois que você decidir quais vão ser essas pessoas importantes para a sua reunião, confirme com elas. Muita gente recebe convites de reuniões, mas está conflitando com outras reuniões, ou quem sabe não percebeu o convite, entre várias outras situações. O que você faz? Mande uma mensagem como: "oi, Fulano, lembrando que dia tal, em tal hora, vai ter uma reunião e a sua presença é muito importante por isso e isso", "a sua participação vai ser fundamental porque eu preciso que você reforce tal coisa", "eu preciso que você esteja disponível para o time tirar as dúvidas".

Lembrando que eu estou falando essas coisas com muita experiência em empresas. E uma coisa interessante que eu reparei é que as pessoas às vezes podem falar assim: "ah, mas eu convidei e a pessoa não veio, problema dela". Não é assim; se você precisa dessa pessoa, fale com ela antes. E se for um executivo com muita atribuição? Peça para esse executivo, ou essa executiva, indicar algum representante ou alguém que possa de fato representá-lo, entende?

Agora, também é muito importante você adaptar o seu roteiro magnético, que você aprendeu lá na Parte 2 do livro, ao objetivo da reunião. E treine muito, mas muito mesmo. Como assim? Quanto mais importante for a reunião, mais você tem que chegar preparado. Não dá para improvisar em uma reunião importante. É claro que eu já dei os meus "vacilos" e chegava em reuniões importantes sem fazer isso que eu estou ensinando. O que eu percebi? Percebi que depois que eu comecei a seguir esses passos aqui antes da reunião, uau! A diferença se tornou gritante. Confia no titio Muniz.

Dar uma atenção especial para reuniões executivas é importante porque nessas reuniões existem características diferentes a serem levadas em consideração – mas não é porque os executivos são arrogantes, e sim porque eles têm "um caminhão de coisas" para pensar. Eles tomam decisões que vão impactar a empresa inteira. Eles podem ter informações estratégicas que muitas vezes não podem compartilhar. Eu como CEO da Advisor10x vejo isso na prática. Há vários projetos andando, e várias outras iniciativas sendo feitas, então tem horas em que eu preciso priorizar o meu tempo. Então quando você for fazer uma reunião executiva, priorize o tempo dos participantes mais ainda.

Em toda reunião você tem que levar isso em consideração: **respeitar o tempo das pessoas.** Para reuniões executivas, você precisa ter uma linguagem muito mais objetiva, clara e pontual, para tomar decisões ou reportar resultados. Ao longo dos capítulos eu vou te ajudar com isso, mas é necessário ficar ligado, pois em reuniões executivas não se pode errar. A sua primeira impressão pode ficar fortemente manchada caso você aparente estar despreparado. Dá para mudar, mas vai dar trabalho.

2. Durante a reunião

Se você fez o que eu sugeri no capítulo anterior, "antes da reunião", você já vai chegar no estágio "durante a reunião" bem mais seguro e confiante. Você já "pisa no gramado" com 1 a 0 ao seu favor, só por estar seguro. Então, o que você faz durante a reunião?

A primeira coisa a se fazer é ser cordial com as pessoas. Muitas vezes a mesma pessoa dócil e boazinha, quando se torna líder, se transforma em outra pessoa e fica arrogante; ou uma pessoa arrogante com o time pode se passar por boazinha com seus superiores. Seja cordial com **todas as pessoas**, pois, se você é cordial, há uma grande chance de a cordialidade voltar para você. É claro que existem exceções, e você pode encontrar pessoas do mal mesmo, mas a maioria devolve aquilo que recebe. Se eu confio em alguém, é provável que a pessoa confie em mim de volta. Se eu sou cordial, educado e correto com a pessoa, a pessoa provavelmente vai fazer isso comigo. Então, se você é a pessoa que convocou a reunião, não esqueça de iniciar com uma boa saudação como "pessoal, bom dia, muito obrigado pela participação de todos. Essa reunião é fundamental, conforme eu avisei, e nós aqui estamos reunidos para decidir tal e tal coisa...". Pronto, essa é a parada. Seja cordial.

Lógico que chegar um pouquinho antes é uma boa prática, principalmente se foi você quem convocou a reunião, seja presencial ou *on-line*. Pode ser até um minuto antes. Fique lá esperando de boa. Lembrando que, quando começar, você deve relembrar o objetivo de maneira segura e confiante, principalmente se houver executivos lá que não te conhecem. Executivos querem conversar com pessoas que transmitem segurança no que estão falando. Todo mundo é assim, na verdade, mas se você está conversando com o seu chefe, ou com um cliente, e você está transpassando o medo na sua fala, cheio de preocupação, talvez com medo de fazer uma pergunta para o executivo, a impressão que você passa é ruim. Transmite muita insegurança, e os executivos vão pensar que você não está preparado para assumir algo maior, por exemplo. Por isso eu disse para você treinar antes: saiba o que você vai perguntar, o que você vai falar e saiba mais do que o necessário. Isso é o 10x, é se preparar 10 vezes mais do que o necessário, porque aí você arrebenta. Simples assim. É simples, mas dá trabalho.

Em reuniões presenciais, geralmente as pessoas levantam a mão. Claro que também há exceções, e alguns acabam cortando outras pessoas, e isso não é nada legal. É necessário ter atenção com isso principalmente em reuniões *on-line*, em que às vezes uma pessoa está falando sobre algo importante, e concluindo a linha de raciocínio, até que alguém corta e começa a falar em cima do que essa pessoa estava tentando apresentar. Isso é ruim, tem gente que perde a linha de raciocínio. Então a dica é: **quer falar? Levante a mão.** As ferramentas de reunião hoje em dia têm essa opção de levantar a mão justamente por conta disso. Então se você é o facilitador da reunião, ou a pessoa que convocou a reunião, você precisa atentar para isso, pois pode acontecer de o rumo da reunião ir parar em um lugar completamente diferente do objetivo inicial, então alguém tem que trazer de volta. Se a pessoa no meio da reunião está "indo lá para a lua", longe do tema principal, alguém tem que trazer essa pessoa de volta e aterrissar a galera. Às vezes é um trabalho chato, e quem facilita *workshops* tem essa missão também (inclusive vou falar mais disso lá na parte de *workshops*). Agora, se alguém levantou a mão e ninguém deu voz, você pode sinalizar para essa pessoa também, porque às vezes a pessoa que está liderando a reunião não percebeu, ou tem alguém falando muito tempo, já tá viajando, e as pessoas já estão cansadas (e dá para reparar esse tipo de coisa com as câmeras ligadas), então acaba que as pessoas podem não reparar também.

Aproveitando que eu citei as câmeras, eu gostaria de pontuar que o ideal é deixá-las sempre abertas. Por quê? Eu já expliquei na Parte 2: porque o corpo também fala. Eu já fiz reunião com as câmeras fechadas, e você não sabe quem está prestando atenção, você não sabe se a pessoa está receptiva, se está de saco cheio, é muito ruim. O ideal é criar um combinado com a equipe para todos estarem de câmera aberta, mas nem sempre é possível. Cá entre nós, quando todos estão de câmeras fechadas, eu também fecho a minha. Mas fique ligado, pois, se você é líder, você precisa dar o tom. Então se você é o líder e abre a câmera, muito provavelmente todo mundo vai abrir, e quem não abrir vai dizer o porquê. Então o ideal da comunicação em reunião *on-line* é que as câmeras estejam abertas. Esse é até um princípio do manifesto ágil. O ideal seria uma reunião presencial. Comunicação face a face. Porém, atualmente muitas pessoas trabalham remotamente, então, quando não é possível organizar uma reunião presencial, é interessante fazer uma reunião *on-line*, porém sempre com as câmeras abertas, e você tem que dar o exemplo.

Quando as pessoas estão com as câmeras abertas, você tem a opção de olhar a reação delas. Então às vezes você pode falar alguma coisa e perceber que alguém revirou os olhos – "opa! Alguma coisa aconteceu, e essa pessoa não está concordando". E aí você tem outra oportunidade de falar de outra maneira, talvez até perguntar para essa pessoa: "Fulano, você tem dúvida?". Isso pode ajudar muito.

Eu pratico uma coisa na medida do possível, que é passar a bola assim que você enxergar a mão levantada. É claro que às vezes não dá e é necessário concluir a linha de raciocínio antes de passar, e nesses casos é legal você mostrar que viu a mão da pessoa levantada, e assim que você concluir a sua linha de raciocínio, você vai dar voz a essa pessoa. Só de fazer isso a sua comunicação já melhora em muita coisa. Aliás, eu acho que se você aplicar só essa parte do livro, já valeu o livro, porque as pessoas não foram treinadas e educadas para fazer reunião *on-line*, então eu estou ensinando ouro aqui. Pratique bastante isso, que eu tenho certeza que vai ficar bom.

É claro que em uma reunião de empresa, com equipes diferentes e muitas vezes objetivos conflitantes entre áreas e *squads*, vai haver confronto. Eu acho que é bom ter conflito porque num conflito as pessoas têm opiniões diferentes e uma hora ou outra as pessoas chegam a um consenso sobre o que é o melhor para a empresa. Confronto ou agressividade eu já acho ruim, porque é quando você fala uma coisa e a outra pessoa já entende de outro jeito e quer brigar, falar, ter razão acima de tudo... isso é um saco! É muito ruim trabalhar com pessoas assim, mas acontece. O que você faz? Respire fundo e, por mais que não seja fácil, tente não devolver com agressão também. Seja assertivo. O que é ser assertivo? Só para relembrar, é quando você não é nem agressivo, nem passivo. A minha dica é essa: seja assertivo e equilibrado, e a grande parada aqui é simplesmente deixar a pessoa falar. Tem hora que eu percebo que eu tenho que atuar: se a pessoa está muito agressiva, eu preciso ser diretivo e pedir para ela se acalmar. Às vezes, quando a pessoa está muito nervosa, você tem que deixá-la falar.

Eu já participei de algumas reuniões com o clima um pouco azedo, agressivo, e em uma delas a pessoa que estava criando essa situação não estava percebendo que era ela que estava criando esse clima desagradável. Ela não fazia por mal, mas fazia, e aí o time também ficou na reatividade, todos queriam se defender, e eu precisei intervir várias vezes, pois todos estavam cortando as falas dos demais participantes que tentavam falar. Toda vez que alguém cortava a fala de outra pessoa, eu intervinha e pedia para deixarem a pessoa que estava com a fala terminar de falar. O que eu percebi? Dica quentíssima: **quando uma pessoa estiver descontrolada, deixe-a desabafar.** Chega uma hora que você precisa deixar. Eu sei que é ruim, e talvez a pessoa esteja totalmente errada, mas deixe-a desabafar, e aí você levanta a mão logo que a pessoa terminar. Quando for a sua vez de falar, diga: **"olha, eu te ouvi até o final, agora é a minha vez, e eu peço para que você escute até o final também".** Entende a parada? A pessoa já "vomitou" tudo o que ela queria, desabafou, e você deixou que ela falasse tudo – e muitas vezes, quando a pessoa desabafa, ela já fica um pouco mais calma porque se aliviou. Se você ficar cortando, ela vai ficar mais nervosa e continuar nervosa, então deixe-a falar à vontade. Uma reunião tensa é assim mesmo.

Agora é muito importante que você não revire os olhos, não fique balançando a cabeça nem fazendo quaisquer reações contrárias ao que ela está dizendo – simplesmente ouça. Eu sei que é difícil, mas essa é uma dica fortíssima para você ficar preparado. Não adianta eu só preparar você neste livro para reuniões boas, né? Ocorrerão reuniões ruins com certeza, e, quando elas chegarem, não devolva com agressividade. Enquanto escrevo este livro, penso em quantas oportunidades eu já perdi na minha vida por não ter praticado isso. Você pode acabar criando inimizades sem necessidade.

Então treine isso. É treino. Se você está em uma reunião tensa, segura! Segure o máximo possível, porque, fazendo um *link* com a primeira parte do livro que eu falo um pouco sobre o cérebro, quando uma pessoa está muito irritada, a parte primitiva e reptiliana do nosso cérebro não pensa, ela age como um animal irracional. Parece um jacaré, ou uma cobra, um crocodilo, eles não pensam. Quando esses animais se sentem acuados eles partem para a agressão. Você já deve ter visto isso acontecer com seres humanos em algum lugar: as pessoas batem na mesa, gritam, fazem um show. Não adianta falar nada com essas pessoas enquanto elas estão nesse estado, porque naquele momento elas estão usando a parte do cérebro irracional, totalmente irracional. Existe um conceito científico chamado **sequestrada da amígdala**, que é justamente isso.

Então o que acontece na prática em uma reunião tensa? Quando a pessoa se sente acuada demais ela liga o "modo sobrevivência", e é como se ela estivesse brigando com outro animal irracional. É como se um animal estivesse tentando matá-la e ela está sobrevivendo tentando morder, bater, gritar etc. Por isso as pessoas fazem coisas consideradas tão absurdas que nós nos surpreendemos. Pessoas calmas podem sair do sério no trânsito, numa briga em alguma fila, depois que bebem e até nas empresas. Nas empresas, geralmente a pessoa não parte para a agressão física, mas quase chega às vias de fato. Então como você faz? Vamos treinar agora.

Durante a reunião você percebe que alguém está sendo muito agressivo. Nesse momento você precisa se observar acima de tudo, para não deixar que a agressão do outro o contagie e você acabe ficando agressivo também, pois aí você vai se igualar a essa pessoa. E o mais louco é que essa pessoa agressiva acha que está certa, pois ela não está raciocinando. É como um animal lutando para sobreviver: ela não está pensando, então ela vai xingar, ofender e ainda dizer que está ofendida. Então o que você faz? Quando você perceber que você está saindo do sério, respire fundo. No *on-line* é mais fácil ainda: você pede para as pessoas te darem um tempinho e bota no mudo, desliga a câmera e escreve no *chat* se for necessário que você vai voltar em cinco minutinhos. E aí você analisa e pensa: "eu estou ficando irritado com aquela pessoa, será que é porque ela disse algo que me desagradou e eu é que estou errado nessa história e preciso me acalmar? Ou será que ela está sendo agressiva comigo e eu tenho que me acalmar e mostrar pra ela?". Entende? Assertivo é isso. Você não fica passivo e deixa as pessoas pisarem em você, mas também não precisa ser agressivo.

Vou dar dois exemplos reais, sendo que um é de uma empresa em que eu trabalhei. Eu tinha um executivo louco, despreparado para ser líder, e as pessoas falavam que ele não fazia por mal – mas ele fazia. Imagine que você está andando na rua e uma mulher com salto alto pisa no seu pé, que está de chinelo, e acaba quebrando sua unha, por exemplo. Ela não viu, mas acabou pisando forte o suficiente para te machucar. Foi sem querer, a pessoa não viu, mas dói mesmo assim. Por isso é importante tomarmos cuidado com algumas falas, algumas ações, ou até uma mensagem que você manda no WhatsApp, porque, mesmo sem querer ou sem perceber, acaba ferindo. É bastante dolorido ficar com a unha quebrada, ela não cresce rápido, você vai ficar um bom tempo sofrendo por causa da unha. Pode ter sido sem querer, mas com certeza doeu. Então esse executivo esculhambava todo mundo, gritava, agia como um verdadeiro chefe Thanos, e eu acabava entrando na pilha. Eu queria me defender porque ele era muito arrogante e agressivo, e eu acabava ficando nervoso, o que me transformava em um jacaré também, entende? Reptiliano falando com reptiliano. Tudo errado. Em alguns momentos eu era agressivo com ele também porque eu me sentia injustiçado.

O que eu aprendi recentemente? Aprendi que nós podemos nos controlar, apesar de o outro ter feito uma coisa péssima com a gente. Nós não temos controle sobre como as pessoas agem com a gente, mas nós temos controle sobre como reagimos. Se a pessoa está nervosa, você não pode garantir que vai conseguir acalmá-la, mas você com certeza consegue se acalmar. Então se alguém confrontar você dizendo: "o que você está apresentando está horrível!", "o seu time não entrega nada!", "você fez tudo errado!", tenha em mente que tem gente que acaba falando algumas injustiças em uma reunião para prevalecer, ou até para se defender.

Nesses dias eu mentorei uma pessoa que estava em uma reunião em que outro líder o culpou pelo atraso. Ele sabia que não tinha culpa, mas ficou quieto. Então ele foi verificar para confirmar se estava realmente certo, e depois que confirmou que estava, eu sugeri que ele batesse na porta do líder que o culpou e mostrasse os fatos e dados para dizer: "olha, naquele dia você falou isso na frente de todo mundo, e eu tinha quase certeza de que você estava errado, mas eu não confrontei você porque eu acreditei no que você falou. Depois, quando eu fui confirmar, eu vi que o que você disse estava errado, então eu gostaria de te pedir para não acusar novamente as pessoas quando você não tem certeza de alguma coisa". Por que fazer isso? Porque, se você não fizer isso, ele vai fazer de novo e pode pensar: "ah, eu fiz e o cara ficou quieto, tá tudo certo, é um bobão". Tem gente que é muito maliciosa, então seja assertivo como resposta. Assertivo é não ser agressivo, mas também não é ser passivo, porque senão as pessoas vão querer te prejudicar e se aproveitar de você.

Tem um livro chamado "Dar e receber" (2014), do Adam Grant. O autor é fera em estudos profundos sobre o comportamento humano, e este livro fala justamente sobre isso. Quem é muito bobinho, colaborativo demais e doador, vai acabar sendo vítima das outras pessoas – apesar de ele também ressaltar que quem é colaborador e ajuda os outros também cresce muito se souber balancear. Então cuidado nas reuniões: se você aceitar tudo o que falam, as pessoas vão continuar falando, pois vão avaliar que não tem problema falar essas coisas sobre você.

Voltando ao meu exemplo real, daquela minha derrota com aquele chefe Thanos, esse foi um dos piores momentos da minha carreira. Eu acabava ficando quieto e não dava minhas opiniões por receio de o chefe Thanos querer brigar comigo por qualquer motivo. Todo mundo tinha medo desse executivo porque ele tinha um crachá pesado, e acabavam me orientando para não falar nada para ele, dizendo que ele era assim mesmo, mas que no fundo ele era bom. Eu pensava: "caraca, tem que ser muito lá no fundo! Mas tudo bem...".

O que eu quero falar é o seguinte: hoje em dia eu faria diferente desde o começo. Em reuniões em que ele participasse, eu me prepararia muito mais, e eu fiz isso no final antes de sair da empresa e deu certo. Eu me preparava muito mais, porque ele queria ganhar no grito e não nos argumentos. Aproveitando a deixa, quero dar uma dica quente para quando alguém estiver confrontando e você quiser dar a sua opinião. Você diz: **"eu penso diferente"**. Não precisa falar "eu discordo", "eu não concordo". Tem gente que gosta de falar assim, mas não é necessário. Geralmente quando você introduz a sua opinião com **"eu penso diferente", "eu tenho uma proposta" ou "eu posso dar a minha opinião?"**, você acaba "desarmando" a pessoa que está discutindo com você. Então evite falar coisas como "eu discordo", "não concordo", "você está errado". Você não vai ganhar nada com isso. A ideia aqui é preparar você para quando houver confronto, porque vai acontecer, e às vezes as pessoas nem fazem por mal.

Dando um exemplo de uma vitória minha em reuniões, eu participei de uma equipe na qual uma pessoa não estava percebendo que estava destruindo o ambiente da empresa. É uma pessoa do bem, porém se sentia ofendida quando recebia alguma sugestão diferente das suas ideias. E aí em uma ocasião essa pessoa começou a "metralhar" todo mundo com palavras duras. A minha vontade reptiliana, claro, era de sacudi-la, mas eu não podia fazer isso porque, como já disse anteriormente, não dá para ter uma conversa entre dois reptilianos. Era a parte reptiliana daquela pessoa controlando-a naquele momento, e nessa hora você precisa respirar fundo e pensar que alguém precisa ser o adulto da história – e esse alguém precisa ser você. Eu deixei a pessoa falar à vontade. Quando ela terminou eu disse: "olha, vou te dar duas opções. Você deixa eu dar a minha opinião agora até o final? Ou acha melhor terminarmos a reunião e marcarmos para outro dia?". A pessoa disse que eu poderia dar a minha opinião, e eu respondi: "tudo bem, então, por favor, não me interrompa". Você precisa ser diretivo nesses momentos e pedir para que a pessoa respeite a sua vez de falar. Eu comecei a apresentar todos os fatos e dados, de modo que a pessoa entendesse o meu ponto de vista. Eu notei que a pessoa percebeu que realmente precisava melhorar, apesar de não ter concordado com alguns tópicos.

Então o que eu quero falar é isso: prepare-se para as reuniões, pois acontecerão objeções e confrontos, mas você precisa levar numa boa. Se você partir para a briga, você vai estar fazendo o que essas pessoas que iniciaram o confronto querem, que é tirar alguém do sério para trabalhar no mesmo nível inconsciente. Cuidado com isso, e não enxergue como se você estivesse fugindo. Quando você se acalma, o outro é obrigado a se acalmar naturalmente. As outras pessoas percebem e respeitarão você ainda mais por ter mantido o controle da situação. Tem que treinar esse tipo de coisa. Se você tem filhos, treine em casa.

Vou dar duas sugestões para treinar esse controle. Tenta chamar um amigo fanático por futebol ou por qualquer outro assunto e inicie uma conversa com uma opinião contrária a que ele defende. Ouça a opinião dele sem interrompê-lo. Deixe-o falar à vontade, entende? Essa é uma maneira interessante de você praticar a escuta ativa com uma objeção ao que você pensa. É claro que existem temas muito mais difíceis, como, por exemplo, a política aqui no Brasil. Esse assunto é muito complicado, mas se você realmente quer treinar, convide um amigo para defender o seu lado e ouvir o lado dele. Se você conseguir conversar com essa pessoa em alto nível, sem se estressar e respeitando a opinião do outro, você vai estar treinando para quando alguém discordar de você em uma reunião. Vai por mim.

Recentemente, nas eleições de 2022, eu conversei com três pessoas que pensam totalmente diferente de mim simultaneamente. Foi difícil, mas eu consegui conversar em alto nível na boa, porque quando as pessoas pensam muito diferente umas das outras elas acabam se agredindo. Então, se você conseguir treinar isso com política, você vai ser antifrágil. O que é ser antifrágil? É quando você se prepara para ficar mais forte. Eu mentorei uma pessoa que é gerente de tecnologia e ela tinha um par, ou seja, um colega que também era gerente que chegou fazendo muitas coisas erradas na empresa, querendo aparecer e fazer palhaçadas. Eu disse a essa pessoa que esse era o momento de aproveitar para ter conversas difíceis.

Pode ser que você trabalhe em uma empresa incrível e não tenha aborrecimentos, mas e se você trocar de empresa? E se vier uma equipe com a qual você tenha mais dificuldade de lidar? Pratique. Crie situações para praticar conversas difíceis.

Religião também é um tema difícil, e por isso também é bom para treinar, mas atualmente o que está mais em alta é a política. Esses temas são realmente difíceis, e às vezes é necessário respirar fundo. Eu, por exemplo, às vezes vejo algumas postagens no LinkedIn que eu acho um absurdo. Eu admiro essa pessoa, gosto dela, mas discordo daquela atitude – tanto que tem horas em que eu até gostaria de dar um *feedback*, mas não dou porque se a pessoa não me pediu não é legal sair falando. Se a pessoa conhece a minha posição e está defendendo uma contrária, tudo bem, precisamos respeitar a opinião dos outros. E nas reuniões também acontece esse tipo de situação: você vai ver pessoas que pensam totalmente diferente de você, acham que estão certas e você está errado. Como você pode fazer para lidar com isso? Prepare-se.

Para fechar este capítulo, outra coisa importante a ser levada em consideração é que você precisa destacar as ações combinadas no final da reunião. Se você convocou a reunião, no final dela você precisa destacar as ações de maneira concreta, até para mostrar que aquela reunião foi necessária. E aí, com essas ações concretas e o papel de cada um bem definido, e de preferência com prazos, você vai passar a clareza de que na próxima reunião desse mesmo assunto serão esperados resultados.

3. Evolução para reunião 10x

Neste capítulo eu vou dar dicas para você avançar e alcançar o nível de **reunião 10x**. Ou seja, aqui eu vou apresentar situações concretas do que você pode fazer para ir além do que as pessoas fazem normalmente em uma reunião.

A primeira coisa que você precisa saber é que a cada reunião que passar, você deve se perguntar coisas do tipo: "bom, naquela última reunião eu apliquei aquelas coisas que o Muniz me ensinou. O que deu certo?" Você precisa pensar nisso. Eu quero colocar você em outro patamar, e para isso você precisa pensar sobre o que deu certo e o que não foi bom e precisa melhorar. Por que isso é importante? Porque muitas vezes a gente acaba fazendo algo que está bom e está dando certo, mas não percebemos que está dando certo porque não refletimos sobre aquilo e não tivemos essa clareza, e por isso deixamos de fazer. E o que deu errado a gente acha que não impactou, mas impactou. É claro que você não precisa fazer isso com toda reunião, mas dê prioridade para as reuniões mais estratégicas.

E aí agora eu vou dar uma dica que poucos falam. Em reuniões estratégicas, ou em reuniões de time, se você é líder, você precisa valorizar as pessoas que estão ajudando a reunião a ser boa. Porque tem gente que ajuda mesmo, até quando percebe que o assunto da reunião está sendo desviado. Claro que você também pode fazer isso – e mesmo que a reunião não seja sua, você pode dar um toque para as pessoas se você perceber que estão desviando do assunto, mas de maneira educada, como: "olha, pessoal, desculpe interromper, mas a impressão que eu tenho é que a gente está fugindo do foco da reunião. É isso mesmo ou eu entendi mal?". Não precisa ser agressivo e gritar coisas como: "ô pessoal, vocês estão viajando, tá tudo errado, vamos voltar aqui para o assunto principal!". Relembre quanto falta para a reunião acabar, se necessário: "olha, pessoal, faltam 20 minutos para a reunião terminar, e seria legal a gente dar foco aqui nas ações que a gente tem que fazer para cumprir o objetivo dessa reunião". E você vai ser encarado pelas outras pessoas como alguém interessante para se ter ali naquela reunião. Então se você reconhece alguém assim nas suas reuniões, mande mensagem para ela depois da reunião e agradeça pela ajuda. Ou, quem sabe, você pode mandar uma mensagem reconhecendo a melhora de uma pessoa, que, dentro de uma reunião, antes cortava muito as pessoas ou era muito indelicado: "parabéns, você melhorou muito desde a nossa última conversa", "poxa, hoje você não interrompeu ninguém, obrigado por ter se esforçado".

Mas, é claro, não dê *feedback* para quem não está preparado para receber *feedback*. Tome muito cuidado com isso. Você precisa dar *feedback* para quem está preparado. É lógico que, se você for líder da pessoa, você precisa dar *feedback*, mas se for uma pessoa de outra área e você não tiver contato nenhum com ela, você precisa pensar bem. Se ela se mostra receptiva, seria legal você pontuar para ela o que você pensa que ela poderia melhorar, mas ainda de maneira cordial e afável, como: "olha, Fulano, na última reunião eu refleti sobre algumas coisas. Você me permite dar algumas sugestões a você?". E aí você deixa a pessoa falar. Às vezes a pessoa pode dizer "Tudo bem". Mas às vezes não está tudo bem, você precisa avaliar. Faça um teste e dê uma dica só, por exemplo: "olha, naquele dia lá, talvez você não tenha percebido, mas eu fiquei com a impressão de que em alguns momentos você acabou cortando as pessoas enquanto elas estavam falando, e as pessoas acabaram ficando impacientes com isso. Você também percebeu isso?". Fala tranquilo, de boa. Se a pessoa responder com: "não, nada a ver, cara! Você está viajando!", Você diz: "tudo bem então, desculpe, eu entendi errado". Você deu a dica para a pessoa melhorar e ela não foi muito receptiva. Tudo bem, deixe-a seguir a vida dela. Mas se ela é da sua equipe, e você é líder dessa pessoa, é importante você ajudar. Eu já estive em algumas situações em que as pessoas tiveram dificuldades de reconhecer que estavam com essa atitude de cortar as outras, e o que eu fiz nessas reuniões foi pedir com educação para a pessoa esperar que naquele momento outra pessoa estava tentando falar. Você como líder tem esse poder. Se você percebe que alguém está falando e construindo uma linha de raciocínio e outra pessoa tenta cortar, você precisa se impor e pedir: "espera aí, Fulano, deixa só a Fulana terminar de falar, por favor".

Eu estou realmente dando dicas práticas para mostrar que tudo o que eu estou ensinando para você funciona de verdade, e é algo que pouquíssimas pessoas vão ensinar. Um ponto muito importante para o qual você precisa atentar para alcançar o nível de uma **reunião 10x** é saber exatamente quando você precisa ser diretivo, principalmente se você é líder. Existirão momentos em que não vai ser possível ser democrático e falar "gente, decidam aí". Porque as pessoas podem decidir, e você sabe que aquele resultado não é o esperado, e você vai ter que deixar. Ou quando uma decisão já está tomada, pois estamos vivendo em um momento em que as pessoas acham que é tudo auto-organizado e "liberou geral", não precisa de liderança etc. Não é bem assim, precisa ter coragem para ser líder, porque você precisa tomar decisões e dar direção para as pessoas. Então, em uma reunião, você precisa ser diretivo em alguns momentos. Claro que quanto mais colaborativo melhor. Eu adoro colaboração – se você não conhece, eu iniciei o movimento da Jornada Colaborativa, e a gente faz muita coisa colaborativa mesmo, mas até mesmo lá existem alguns momentos em que eu preciso ser diretivo, entende?

E aí cuidado com isso, pois se você é o responsável por tomar uma decisão, deixe claro para o seu time que você vai ouvir todas as opiniões, mas a decisão ainda vai ser sua, e isso deve ficar muito claro para não criar frustrações. Lógico que 99% das decisões você pode deixar na mão da equipe de maneira colaborativa, mas aquelas que você toma, ou que você precisa tomar, também deixe claro para não gerar frustrações nas reuniões. E aí a grande diferença entre quem faz reunião mais ou menos e quem faz **reunião 10x** é esse último parágrafo que eu vou escrever.

Lembra que eu disse anteriormente para deixar claro as ações que foram combinadas? Aqui a dica é: **acompanhe as ações que foram combinadas.** Aí você pode pensar: "ah, mas eu não sou babá das pessoas". Você tem que avaliar. Você é o líder? Você convocou a reunião? Você é o responsável por aquele resultado? Tome posse disso. E antes da próxima reunião lembre as pessoas. Elas vão avaliar você como alguém colaborativo, alguém parceiro e que ajuda. Porque o normal é chegar na próxima reunião e perguntar: "e aí, Fulano, como é que está o progresso?", e o Fulano não fez nada. Aí vai ficar feio para você e para o Fulano, porque se tiver algum executivo naquela reunião é perigoso ele pensar: "pô, o coordenador dessa reunião não está coordenando nada, só agenda, só chama e ninguém faz nada". Pense nisso.

É claro que a responsabilidade final não é sua, mas por que não ser protagonista? Isso eu tenho certeza que pode fazer você dar um salto na sua carreira. As pessoas vão enxergar você como alguém organizado e comprometido com o resultado combinado. É lógico que se você fala com a pessoa e ela não fez nada nem se mostrou interessada em fazer, deixe-a responder por isso na frente do executivo. É isso que eu quero passar aqui para você ficar muito atento.

Então essas foram as dicas adicionais e avançadas para você que quer algo a mais. E eu tenho certeza de que se você fizer todas essas ações, vai alcançar rapidamente o patamar de uma **reunião 10x**.

4. *Case* real: apresentação executiva

Neste capítulo eu vou apresentar um *case* bem interessante de reunião executiva. Foi um gerente de tecnologia que eu mentorei e ajudei a assumir esse cargo em outra empresa, e foi muito legal porque ao longo dessa trajetória na nova empresa eu também estava ajudando com essa mentoria individual. O mais interessante é que ele assumiu um papel muito estratégico. Eu fiquei muito orgulhoso desse meu mentorado porque ele estava arrebentando. Aí eu apresentei algumas recomendações que eu quero compartilhar com você do que deu certo para ele e pode dar certo para você também.

Quando a gente fala de reunião executiva, a gente precisa ficar muito atento porque pode acontecer muito conflito entre áreas. Às vezes uma diretoria está com uma meta que é conflitante com outra diretoria, e as pessoas nem querem brigar, mas acabam brigando por recursos, ou porque elas não conseguiram bater a meta delas e aí atrapalhou alguma área... enfim, vários motivos. Acontece isso. E isso foi justamente um caso que tinha risco de acontecer com esse meu mentorado. Uma das coisas que a gente conversou bastante nos encontros de mentoria foi justamente a situação dos fatos e dados com *slides* objetivos e números relevantes. E esse meu mentorado gerente é uma pessoa inteligentíssima com uma habilidade enorme para consolidar conteúdo, criar *slides* maneiros, atrativos e elegantes. Tenho muito orgulho.

Quando a gente faz reunião executiva é necessário combinar um horário bem rápido, como 15 minutos, entende? A dica é **não marcar 1 hora de reunião.** Se o assunto estiver interessante, o executivo vai pedir mais tempo. Olha que lindo isso! Vai inverter, e ele não vai ver aquela reunião e pensar "putz, que saco, uma hora de reunião". Então marque 15 minutos e seja direto.

Um grande aprendizado que eu tive na minha carreira, e agora eu vi um jeito melhor de fazer que eu quero ensinar, é o seguinte: você, como gerente de tecnologia, ou se você faz um papel na área de governança, PMO, na área de controles internos, auditoria, você tem uma missão de apresentar números e indicadores que não são bons, e isso faz parte do seu papel. Se você não mostrar, talvez as pessoas vejam você como alguém que não tem o perfil para esse tipo de função, ou que você está sendo conivente. Então é preciso ter um cuidado enorme. Quem trabalha em uma área que precisa mostrar indicadores, números, relatórios etc. deve ter o perfil de alguém que mostra resultados – resultados que às vezes não são bons para as outras áreas. E aí qual é a dica para você? **Combine o jogo antes.** Funciona bem. Antes de você expor alguém em uma reunião, combine com a pessoa dizendo: **"olha só, o teu resultado está assim. Você quer colocar aqui uma justificativa e um plano de ação?"**. Grava isso na cabeça: nunca mostre só a justificativa em uma reunião executiva, sempre pense em um plano de ação.

Vou dar um exemplo de um plano de ação. Vamos supor que, dentro dos projetos, a meta era atingir 80% dentro de um prazo, tudo bem? Aí alguma diretoria está apenas com 50% dentro do prazo. Se já era para estar em 80%, está muito longe. O que um executivo, um presidente ou um comitê dessa empresa quer? Certamente eles não querem que o diretor chegue lá dizendo: "é, gente, está muito ruim mesmo" e fica só justificando, porque isso cansa muito. Então se você vai liderar uma reunião dessas, você combina com o diretor: "olha, tá 50% e a meta é 80%, vamos combinar algo bem objetivo sobre as ações que você vai tomar para recuperar?". Pronto, ganhou a reunião e o diretor que seria exposto. Quando você chegar lá, vai estar tudo combinado e ele vai falar: "é, pessoal, tá 50% mesmo, e a gente vai tomar essas três ações aqui para recuperar na próxima". É isso que o presidente quer ouvir, entende?

Eu convido você a fazer uma reflexão sobre esse *case*. Se eu tivesse ouvido esse *case* há uns 15 anos, minha vida teria sido mais leve, pois eu já participei de muitos comitês executivos em que eu era o cara que apontava o erro e a derrota das outras áreas. Naquela época, eu tinha sido orientado a bater e mostrar mesmo, mas hoje eu percebo que não precisa bater em ninguém. Você pode mostrar de maneira correta, honesta e diretiva, e aí você deixa a pessoa falar, beleza? Porque senão você vai acabar arranjando inimigos à toa.

5. Conteúdo bônus e livros

Para fechar a nossa Parte 3, eu vou dar dicas de livros e conteúdo adicional para você mergulhar mais profundamente nos temas que você achar que tem sentido no momento atual da sua carreira.

A primeira recomendação é o Episódio 2: Escuta ativa e inspiradora, do *podcast* Líder Inspira no Spotify. Recomendo muito esse episódio porque em **reunião 10x** é necessário muito mais ouvir do que falar. E quando eu falo ouvir, não é simplesmente ouvir com os seus ouvidos, mas perceber as coisas. Lembra que eu disse que o ideal é você ficar com a câmera aberta nas reuniões *on-line*? É justamente porque você precisa observar e perceber se a pessoa está viajando, balançando a cabeça, revirando os olhos e assim por diante. Então a escuta ativa é justamente isso, perceber o que a pessoa fala e como ela fala, e perceber como a pessoa fala é muito mais importante do que o que a pessoa está falando. Claro que o ideal é que as reuniões aconteçam no presencial, mas se a reunião for *on-line* será necessário tomar esses cuidados.

A segunda sugestão para você ouvir é o Episódio 1: *Feedback* COP, também do *podcast* Líder Inspira no Spotify. Eu te dei uma dica para você ir além do nível de reunião normal para uma **reunião 10x**. Você precisa saber dar *feedback* para as pessoas que não estão tendo atitudes boas nas reuniões, ou que melhoraram, ou que te ajudaram durante essas reuniões. E nesse episódio do "*Feedback* COP" eu te direciono com um método passo a passo de como você pode mandar esse *feedback*. Só de ouvir esse episódio, eu tenho certeza de que você já vai ser beneficiado.

Agora falando sobre livros, eu tenho aqui para indicar um livro fininho, que pode ajudar bastante, que se chama "10x: a regra que faz a diferença entre o sucesso x fracasso" (2019), do autor Grant Cardone, que é uma pessoa da área de marketing e de vendas. Ele tem umas sacadas geniais que eu adorei – inclusive a inspiração para o nome do livro **Comunica 10x**, e dos cursos **10x** que eu leciono, veio dele. É um livro muito legal que foca na ideia de que a gente tem que pensar sempre 10x mais, e é isso que eu estou apresentando aqui. Vale muito a pena ler esse livro, e eu tenho certeza de que você vai aumentar o seu repertório.

E já que estamos falando de reuniões, de apresentação de resultados de maneira mais atraente e interessante, você pode ler o livro "Storytelling com dados" (2019), do autor Cole Knaflic. No Capítulo 4 eu citei o gerente que eu mentorei, e esse foi o primeiro livro que eu indiquei a ele nas mentorias individuais. Ele adorou, praticou e usou muito esse livro.

Então para você que se apresenta em reuniões e mostra resultados, esse livro mostra gráficos muito mais interessantes para você fazer, que são fáceis e demonstram que os dados não precisam ser frios, chatos e cansativos. Tenho certeza de que esse livro vai ajudar bastante a chegar no seu objetivo de alcançar o patamar de **reunião 10x**, pois ele mostra que você pode colocar os dados de um jeito mais atrativo.

PARTE 4.
MÉTODO PARA PALESTRA 10X

Chegamos na Parte 4 do livro, pela qual eu tenho uma paixão enorme. Já ajudei muita gente a se transformar em um palestrante de sucesso. E eu vou apresentar aqui como o método que eu aplico pode ajudar você também.

Antes de eu fazer este livro, **Comunica 10x**, a ideia inicial era fazer um livro só sobre palestras, mas aí eu pensei que seria muito mais interessante eu entregar esse método também para reuniões, *lives*, *workshops* e aulas. Mesmo assim, eu ainda tenho um carinho especial pela Parte 4 do livro, e muita coisa que você vai aprender aqui na Parte 4 você vai poder usar também para aulas, *lives* e *workshops* também.

Na Parte 3 você aprendeu a fazer reuniões melhores, a se comunicar, a ser um comunicador e a cobrar resultados. Aqui, o foco vai ser principalmente você inspirar as pessoas na sua palestra e conseguir gerar resultados em quem participa dela, seja presencialmente ou *on-line*.

No Capítulo 1 eu vou apresentar o que você precisa fazer antes de cada palestra.

No Capítulo 2 eu vou mostrar o que você deve fazer durante as suas palestras.

No Capítulo 3 eu vou mostrar como você pode evoluir com os seus resultados para uma **palestra 10x**.

No Capítulo 4 eu vou mostrar um *case* real de palestra.

E no Capítulo 5, como sempre, vou passar algumas indicações de conteúdo bônus e livros que podem ajudar você a se aprofundar bastante nos assuntos que você acha que faz mais sentido para você no momento atual da sua carreira.

Eu acho que vai ser muito bacana compartilhar esse conteúdo e eu tenho certeza de que vai contribuir bastante para você se tornar um palestrante melhor, ou para você que está dando os seus primeiros passos nesse mundo de palestras, que é contagiante. Se você ainda não fez palestra, você vai perceber o quão gratificante é receber as pessoas no final querendo agradecer pelo conteúdo de valor que você passou para elas.

1. Antes da palestra

Primeiro de tudo, o que você precisa ter na cabeça e ficar muito atento antes de começar qualquer palestra? Você já deve saber o que eu vou dizer. Você precisa se preparar! Não pode ser algo jogado. Palestra é uma coisa muito séria para fazer de qualquer jeito. Você vai verificar antes de fazer a palestra se o seu **roteiro magnético** está aderente ao público e ao objetivo da sua palestra.

Eu já ensinei na Parte 2 do livro a fazer o roteiro magnético – foi aliás a parte mais completa e profunda até agora porque ele foi a base de tudo o que virá. Se o seu conteúdo não estiver aderente com o público e com o objetivo da palestra, você vai precisar adaptar, e não adianta pensar "ah, já estou acostumado com o conteúdo, vai esse mesmo". Não, você precisa pensar em qual evento você vai, qual o público que vai estar lá, se é um público mais técnico, se é um público mais executivo, se o público já conhece o assunto ou ainda está iniciando... você precisa adaptar o seu conteúdo, pois a palestra não é para você, é para o seu público.

Você tem que lembrar que, mesmo em eventos de um dia, podem ocorrer de 8 a 10 palestras, e as pessoas ficam cansadas. Você precisa pensar qual a mensagem principal que as pessoas precisam lembrar sobre o seu conteúdo, ou o que as pessoas precisam colocar em prática depois de consumir o seu conteúdo. Se for o *case* de uma empresa, ou da sua empresa, por exemplo, quais os benefícios e as funcionalidades?

Lembrando do roteiro magnético, você vai começar de trás para frente – por exemplo, eu sou mestre de cerimônia em grandes eventos nos quais as empresas vão apresentar *cases* etc. Tem muita coisa legal e eu aprendo demais também. Mas eu percebo que alguns palestrantes não se ligam nisso, eles compartilham muito conteúdo, mas a mensagem final não fica clara, entende? A mensagem principal precisa ficar clara. Aí você pode pensar: "ah, Muniz, mas essa é uma palestra na qual eu quero compartilhar a minha experiência". Legal, mas qual a mensagem que você quer que as pessoas tenham em mente depois que elas saírem da sua palestra? Você precisa ter essa clareza: você já fez o seu roteiro e agora vai refinar para a palestra, porque lá na Parte 2 do livro o roteiro que eu ensinei você a fazer serve para palestra, *live*, *workshop*, reunião e aula. São cinco coisas, então você precisa pegar aquele roteiro que você já aprendeu e adaptar para palestras, porque em palestras você vai ter 20, 30 minutos, ou uma hora no máximo. Você precisa compensar destacando o principal. Em palestras, menos é mais. Quanto menos conteúdo, mais *case* e mais história, é melhor que um caminhão de conteúdo, pois as pessoas vão esquecer de tudo. Pare e reflita sobre isso.

Agora eu preciso dizer uma coisa muito importante. Eu sei que a maioria das pessoas usa *slides*, e tudo bem. *Slides* podem ser muito bons, mas não use o *slide* como o principal, como se sem eles você não conseguisse fazer a palestra. Os *slides* precisam ser somente um guia para ajudar na sequência das coisas que você vai falar, por exemplo. Você pode usar *slides* para se orientar, mas não pode depender exclusivamente deles, porque você não vai conseguir olhar nos olhos da sua audiência. Se o *slide* está atrás de você, você vai ficar olhando para trás o tempo todo? Não pode deixar de olhar para a sua audiência. Os *slides* devem ser meramente um guia para a sua fala, talvez usando algum número ou estudo para dar força ao que você está falando. Mas os *slides* não podem ser o conteúdo principal. Outra coisa importante para atentar em relação aos *slides* é que você não pode mostrar tudo de uma vez. Se você mostrar todas as informações que você quer passar nos *slides*, as pessoas vão ficar lendo e não vão prestar atenção em você, então use os *slides* como um passo a passo. É lógico que em uma palestra você precisa usar um *slide* para cada ideia, então é importante usar letras grandes, figuras etc. Precisa ser bonito, chamativo e grande para as pessoas lá atrás conseguirem enxergar.

Vamos deixar uma coisa em evidência: palestra não é aula. **Nas aulas o mais importante é o conteúdo, e nas palestras o mais importante é a mensagem.** Então para as palestras é preciso ter todo um preparo: um *slide* maneiro, figuras, números grandes e sempre ter em mente que dá para melhorar os *slides* sempre – inclusive tem gente que paga para outras pessoas fazerem *slides*, e você também pode fazer isso. Mas um *slide* lindo não substitui um excelente palestrante. O *slide* pode ser o melhor, mas quem manda é o palestrante. Você pode pegar um piloto de Fórmula 1 e botá-lo para dirigir o melhor carro, mas se o piloto não se prepara, não adianta ter o melhor carro. O bom é ter o melhor carro e o melhor piloto. E aqui eu estou ensinando você a ser o melhor piloto.

Agora cuidado para não colocar na sua palestra vídeos que não funcionam ou grandes, pois o seu tempo é limitado. Então vídeos de 5 minutos em uma palestra de 20 minutos pode complicar bastante, porque desconecta as pessoas. Elas podem pensar: "caraca, isso aí eu vejo em casa". Cuidado com isso. Em palestras você precisa ser dinâmico e apresentar algo que chame a atenção mesmo, para que as pessoas comecem a pensar: "uau, que legal! Valeu a pena ter vindo", ou "valeu a pena ter assistido *on-line*".

Então tome cuidado com os *slides* – a maioria vai usar, é claro, mas revise várias vezes e corte para deixar só o necessário, e sem colocar muito texto. Eu já fiz palestra com 1 *slide* apresentando 5 tópicos e também já fiz palestra sem *slide* nenhum. Dá para fazer. Os *slides* servem para você deixar a sua apresentação mais atrativa, mas é só isso. Por exemplo, eu faço uma palestra chamada "Os três pilares para acelerar na cultura digital". Eu falo que a liderança é um tópico importante e o líder Thanos, ou líder tóxico, perdeu a vez – e aí eu boto a foto do Thanos lá no *slide*. Eu também falo da "guerra civil corporativa" e aí eu coloco lá um desenho do filme "Guerra Civil" da Marvel: de um lado o Homem de Ferro, do outro o Capitão América. Isso é legal, então use e abuse. Mas não bote muito texto nem fique lendo os *slides* no meio da sua apresentação. *Slides* servem para você "bater o olho" e começar a falar. De preferência nem olhe – coloque uma imagem e comece a falar, tudo bem? Fique atento a isso: **palestra não é aula**. E aí vem o grande lance. Todo esse cuidado que você está tendo está sendo feito antes da palestra, por isso que é 10x.

Pense comigo: quantas pessoas você conhece que fazem palestras e se preparam desse jeito? A minoria. O que significa que a maioria não faz e tem resultados medianos. Se você fizer desse jeito que eu estou mostrando, você com certeza vai arrebentar e vai ser convidado para fazer mais palestras. Vai ter empresa que vai querer pagar pela sua palestra – acredite em mim, eu recebo convites de empresas que pagam para eu fazer essas palestras. Por quê? Porque eu me preparo e faço um conteúdo que ajuda as pessoas.

O que eu sugiro que você faça? Vai ser um grande desafio, e eu vou cobrar muito neste livro aqui. Você tem que treinar muito antes da palestra. Você já tem o roteiro e já tem os seus *slides*, então treine. O que eu sugiro é o seguinte: você vai pegar o seu celular e o seu computador para ver seus *slides* e faça uma gravação sua apresentando a palestra. Aí você pode pensar: "ah, mas são 30 minutos de palestra". Tudo bem, grave os 30 minutos de palestra e assista. Anote os tópicos com os quais você se enrolou, porque é normal se enrolar. Eu faço uma palestra de *DevOps* e agilidade há quatro anos, em que eu junto *Lean*, *DevOps*, agilidade e gestão de mudanças. Eu faço essa palestra leve, sem precisar de *slides*. Os *slides* são só para ajudar a minha audiência. Eu já devo ter feito umas 50 vezes, entende? Se você treinar, treinar e treinar, você vai chegar leve e seguro lá.

Esse é o treinamento: você vai gravar a sua apresentação e vai dar uma atenção especial para a sua fala de abertura. Grave a sua fala de abertura, que são os dois primeiros minutos, no mínimo cinco vezes, e assista todas as vezes. Por quê? Porque, como eu falei lá na Parte 2 do livro sobre roteiro magnético, o início é sempre o mais importante. Grava isso: você precisa iniciar arrebentando na sua palestra, começar seguro e confiante. Então o que você vai fazer se for um tema novo? Grave cinco vezes a sua abertura. Você vai ver que, na quinta vez, você vai estar muito mais natural. E quer saber o melhor disso? Quando você fala de maneira natural, sem pensar muito no que você vai falar, você consegue olhar para as pessoas. E se deu aquele nervosinho inicial que é supernormal, você agora já ganhou o público e está confiante. Repetindo porque é importante: em uma palestra nova, treine cinco vezes a abertura na sua preparação e compare o primeiro vídeo com o quinto. Veja a diferença. Isso vai acontecer na palestra inteira se você repetir e repetir várias vezes.

2. Durante a palestra

Neste capítulo eu vou ensinar o que fazer durante as palestras. Então, para complementar tudo o que eu falei anteriormente, você vai precisar fazer uma abertura animada, confiante e cordial. Lembra o que eu disse na parte da **Reunião 10x**? Se você chega em uma reunião pessimista, você vai contaminar as pessoas – e em uma palestra as pessoas vão estar olhando para você. Você é o centro das atenções. Você pode brilhar e compartilhar esse brilho com as pessoas ao seu redor. Você é a estrela do espetáculo, então brilhe. Você está lá para brilhar e não para apresentar de má vontade, porque, se for assim, é melhor nem ir.

Vou dar uma dica. **Se você não quer ter o trabalho de se preparar e fazer a diferença, não faça palestras.** Fala para a sua empresa que você não quer ir e peça para chamar outro, em respeito a si mesmo e em respeito aos outros. Por quê? Porque se você vê uma pessoa desanimada fazendo uma palestra, você não vai ter boas impressões sobre ela. Essa pessoa está se prejudicando, sua marca pessoal vai direto para o ralo, entende? Se você tem um amigo ou uma amiga que faz isso, chame-os no canto e dê a sugestão de eles não irem mais, para evitar de se prejudicarem. Aí você pode pensar: "ah, Muniz, mas é um assunto que eu não gosto". Goste do assunto então.

Vou dar um exemplo meu de aulas que eu já dei. Por mais que seja um exemplo falando sobre aulas, dá para ter a mesma linha de raciocínio com palestras também. Eu dava aulas sobre COBIT, que é um modelo de governança na área da tecnologia da informação pesado e teórico, e eu pensava muito em como eu poderia deixar a aula mais agradável. Eu já dei aula de muita coisa: gestão de processos, ITIL, *DevOps*, *Lean*, agilidade, cultura de produto, tecnologia... e eu adorava todas essas coisas, mas quando se tratava de COBIT eu não gostava. Mas os meus alunos não tinham culpa disso, e por isso eu tinha que me reinventar. Então é possível, mesmo que você não ame um assunto, que você se prepare para amar o assunto. Então você vai deixar claro desde o início, logo na abertura, o benefício do seu conteúdo para o seu público. Você vai dizer: "olha, o meu conteúdo pode te ajudar nisso e naquilo", "olha o resultado que você pode ter na sua empresa também". E aí você vai conectar o seu roteiro magnético com as particularidades de cada audiência.

Vou dar um exemplo. Como eu já disse, eu apresento uma palestra chamada "Os 3 pilares para acelerar a cultura digital". Já fiz essa apresentação em banco, empresa de varejo, seguradora, eventos de agilidade, eventos de *DevOps*, eventos de RPA, eventos de gestão de serviços, entre outros. E se você também for fazer em vários lugares diferentes, o que você faz? Você captura aquele conteúdo e filtra o que você considera que tem relevância para a audiência específica para a qual você vai apresentar. Entende a parada?

Não dá simplesmente para falar "ah, o meu conteúdo é esse e eu vou apresentar assim". Não! O que você vai fazer? Você vai pegar o seu conteúdo daquela palestra e adaptar para aquela audiência para ela poder se beneficiar do seu conteúdo. É assim. Se você quiser fazer uma **palestra 10x** tem que ser assim. Vai dar trabalho, mas você com certeza vai ajudar as pessoas. Você está lá para isso. Palestrante está lá para ajudar as pessoas e não para aparecer. Claro, eu falei para você brilhar, mas **você vai brilhar quando você ajudar as pessoas**. Pense nisso. A melhor forma de ter sucesso é quando a gente ajuda outras pessoas a terem sucesso. Então a sua palestra é para isso, para ajudar outras pessoas a terem sucesso. E naturalmente a sua empresa vai ter sucesso, você vai ser reconhecido e vai ser convidado a fazer um monte de palestras – então faça bem feito.

Você vai notar que eu vou dar umas sacudidas de vez em quando no livro, mas é para acordar mesmo, tudo bem? Acordar no sentido de que se você percebe que está fazendo, ou corre o risco de fazer, uma "palestra mais ou menos", você precisa reconhecer que pode fazer muito melhor. É o seu nome, pensa nisso. Você precisa valorizar cada momento com o seu melhor. Você tem 30 minutos, 1 hora, então arrebente, faça com vontade, prazer, para você olhar para si mesmo no final e poder dizer "uau! Consegui! Dei o meu melhor!". Não tem preço, você vai ver no olhar das pessoas.

Agora uma coisa importantíssima é nunca reclamar do seu público ou da organização do evento. Às vezes eu vejo as pessoas reclamando por ter pouco tempo e dizendo que poderiam falar quatro horas, mas todos tiveram o mesmo tempo e é necessário respeitar o tempo que deram, independentemente de você conseguir falar quatro horas ou 10 dias sobre um único tema. Então a dica quente é: **durante a sua palestra, respeite o tempo e não reclame de nada.**

Por exemplo, você fez uma pergunta e as pessoas não responderam. Não reclame. Talvez você não tenha se conectado bem com as pessoas. Ou você chamou alguém lá na frente e ninguém foi – você pode até brincar e dizer que as pessoas podem estar tímidas, mas não humilhe ninguém, entende? Não reclame. Não pegue a sua frustração e jogue nos outros. Eu estou dizendo isso porque às vezes acontece. Nós somos humanos, então se você está dando o seu melhor e percebe que as pessoas não estão prestando atenção, não é legal falar ou gritar lá na frente coisas do tipo: "pô, esse pessoal não quer nada!". Será que as pessoas não querem nada ou você não caprichou no seu roteiro magnético para deixar atrativo o seu conteúdo? Reflita sobre isso.

E aí, principalmente se for uma apresentação presencial, você tem ouro nas mãos, que é a possibilidade de poder prestar atenção na reação das pessoas. Por isso você tem que se preparar tanto, para não ter que ficar prestando atenção no que você vai falar, e a sua fala vir naturalmente. Isso possibilita a você olhar para a expressão das pessoas, e isso por si só vale ouro. Um exemplo: se você estiver falando sobre um assunto e a pessoa estiver "boiando", olhando para cima, você percebe que ela não entendeu, então o que você faz? Você usa outras palavras para falar sobre aquilo ou muda o foco da sua palestra, porque pode ser que esteja chato para aquele público, entende? Às vezes acontece, e talvez a culpa nem seja sua, mas sim da audiência, que pode estar lá sem querer estar lá. Então se as pessoas foram convidadas para uma palestra que não tem nada a ver com elas e você acabou caindo de paraquedas lá, seja porque alguém chamou você por engano na hora e não era esse o tópico que eles estavam esperando, acontece. Tente mudar um pouco e não deixe as pessoas entediadas, porque isso é a receita para o fracasso da sua palestra.

Você pode incentivar a interação dos participantes. Por exemplo, você está falando lá no palco e percebe que as pessoas estão mexendo no celular. Você pode tentar dar uma sacudida com alguma frase do tipo "pessoal, olha só, vamos pensar aqui uma coisa". Tente arranjar um jeito de trazer a atenção do seu público de volta para você. Às vezes eu brinco dizendo "olha, pessoal, eu sou carente, quem tá no celular aí tá me deixando chateado!". Às vezes eu faço isso, mas às vezes dá ruim... eu já fiz isso abrindo uma palestra, e era minha primeira palestra presencial depois da pandemia, e foi lá em São Paulo. E em abertura de palestra você precisa ter muito cuidado. Eu fui brincar com isso dizendo: "olha, pessoal, essa é a minha primeira palestra depois da pandemia, eu vim lá do Rio de Janeiro e vocês estão no celular? Vamos largar esse celular!". Eu falei com um tom que eu esperava que fosse entendido como uma brincadeira, mas não caiu bem, e eu vi que algumas pessoas guardaram o celular, mas outras me olharam com raiva, como se estivessem pensando "ah é? Vamos ver o que esse manézão vai falar então", entende? Foi essa a impressão que eu tive. Olha, eu "rebolei" para trazer o pessoal de volta porque eu falei em um tom de brincadeira, mas eles não entenderam assim. Eles entenderam em um tom de arrogância, e a pior coisa que existe é um público achar que o palestrante é arrogante. É a pior coisa.

Então é preciso ter na cabeça que ser muito passivo e humildezinho é ruim, porque você não transmite confiança no que você vai compartilhar, mas ser arrogante é pior ainda. Nesse caso, eu só percebi depois que eu reparei no olhar das pessoas, e é por isso que você precisa olhar. E aí eu comecei a trazer eles de volta. Eu fiz algo para eles participarem, para quebrar o gelo, porque eu senti que naquele momento eu tinha vacilado. Mas faz parte. Somos humanos e erramos, né?

Agora, se você está fazendo uma palestra *on-line*, cuidado com os comentários no *chat* para não desviar sua atenção do objetivo. Isso às vezes acontece, mas é muito legal que você veja um comentário e fale sobre esse comentário, complementando etc. Eu fiz uma palestra *on-line* na Petrobras para 1.600 pessoas e não dava para ficar lendo o *chat*. Duas pessoas da Petrobras tiveram que me auxiliar olhando o *chat* e trazendo as perguntas para mim – então cuidado para não desviar a sua atenção.

E aí é muito importante que você finalize a sua palestra no mesmo tom positivo e animado do início, fazendo uma chamada para ação. O que é isso? É convidar a sua audiência a praticar o que aprendeu. E aí vale a pena na conclusão você relembrar o que foi falado e ensinado, por exemplo: "olha, lembra que eu comentei com vocês na abertura sobre os três passos para você melhorar na sua produtividade? Só para relembrar, o primeiro passo é esse, o segundo, e o terceiro. Eu quero passar um desafio para vocês, para que vocês apliquem isso amanhã na empresa de vocês". Olha que legal, você relembrou o conteúdo que você passou, e convidou a todos a colocarem em prática. É um incentivo. Se você não incentivar, a galera não vai lembrar do conteúdo.

Outra coisa legal é que no final você até pode fazer uma reflexão ou deixar uma frase de impacto. Tem gente que gosta de colocar uma música, tem gente que apela etc. Eu particularmente não gosto disso, porque eu vejo que tem gente que exagera. Mas se você se sentir à vontade para fazer, tudo bem. Bota uma música, pede para diminuírem a luz, faz aquela parada emocionante etc. Eu não faço porque acho que muitas vezes fica forçado, mas quero deixar você à vontade para pensar o que é melhor para você.

Esse método que eu estou ensinando é campeão em várias palestras minhas e de pessoas que eu ensinei, mas cada um tem a sua personalidade, então se você gosta de um final mais emotivo, com música e outras coisas, fique à vontade para fazer da sua maneira se isso te faz bem. Mas tome cuidado, pois não adianta você gostar e as pessoas ficarem desconectadas, porque aí não vai ter adiantado nada. Tem gente que faz isso para as pessoas aplaudirem com mais ênfase, de pé etc. Tem gente que dá uma forçadinha e dá para perceber. Mas o ideal é você fazer o que tem mais ligação com a sua personalidade e que se conecte com a sua audiência. Então se você fez uma vez e a galera adorou, beleza. Aí você fez de novo e não surtiu efeito, fez mais uma vez e não surtiu efeito novamente, talvez seja melhor parar de forçar a barra, entende? Fique esperto com isso.

3. Evolução para palestra 10x

Neste capítulo eu vou mostrar o que você pode fazer para evoluir e chegar no patamar de **palestra 10x**. A primeira coisa que você deve pensar é que cada palestra é única – embora seja o mesmo conteúdo, a sua audiência sempre vai ser diferente. Então vão ser níveis diferentes de conhecimento prévio do conteúdo, e por isso todos vão absorver de maneiras diferentes. O que você vai fazer? Depois da palestra você vai refletir sobre em quais momentos a sua fala foi mais natural, em quais momentos você sentiu confiança, em quais você sentiu que as pessoas gostaram mais etc., entende? Uma parte um pouco mais humorada, ou que as pessoas prestaram atenção – você percebe isso e aí você vai tentar repetir. O que deu certo você repete várias vezes, e aquilo que não pareceu muito confortável para você, que você não se sentiu bem fazendo, você melhora para as próximas. Você se prepara mais.

No capítulo anterior eu disse que ao terminar uma palestra você pode fazer uma chamada para ação, pode colocar uma frase de efeito, deixar um tom mais forte, emotivo etc. Você precisa avaliar o que saiu bom e manter, e o que você sentiu que ficou forçado você muda. Uma vantagem é que você terá palestras a vida toda para tentar, então se errou uma, tranquilo, relaxa. Eu citei uma em que eu errei em São Paulo, mas tranquilo, depois eu melhorei. O que não pode é acharmos que estamos arrasando quando na verdade estamos mandando muito mal, isso é ruim. Eu já vi palestrantes acharem que foram bem pra caramba, mas percebia-se que as pessoas que estavam assistindo não gostaram tanto, entende? Dá para perceber. Você ficar falando 30 minutos, e as pessoas não prestando atenção, é uma situação chata.

Palestra boa não precisa ter gente batendo palma de pé, nem ninguém fazendo "uhul". Palestra boa é aquela na qual as pessoas estão prestando atenção em você. Isso é uma boa palestra, você pode ter certeza. Um medidor bom para você usar é verificar se as pessoas prestaram atenção em você: se a pessoa balança a cabeça, se as pessoas estão refletindo, se as pessoas dão sorrisos – esses são todos sinais. Muitos deles vão atrás de você quando você terminar a palestra para te parabenizar. Às vezes vão te fazer uma pergunta, ou até quem sabe vão tentar pegar informações para saber se você está disposto a ser contratado por eles. Isso é legal.

Você precisa perceber nesses *feedbacks* sinceros o que tem sentido para você, porque tem gente que fala só por educação – e dá para perceber também, né? Eu já fiz palestra onde a reação das pessoas que falavam comigo era "Uau! Nossa, que palestra foi essa, cara?", "Caraca, foi a melhor palestra do evento!", "Eu quero levar você para a minha empresa! Quero te contratar!" – essa é uma palestra boa. Você deve refletir sobre o que deu certo e anotar. Aí você pensa consigo mesmo: "cara, eu tenho que repetir isso". Mas às vezes acontece de você fazer uma palestra e as pessoas falarem "Ah, legal, bacana...", todos bateram aquela palma para cumprir o protocolo, e você precisa reparar e pensar "opa, alguma coisa aqui não foi boa". E tudo bem, mas você precisa fazer melhor na próxima.

Também existe a possibilidade de ser o público. Dando um exemplo, eu já fiz palestra em um evento em que as pessoas "se escangalharam" de rir. Eu apresentei com um tom bem-humorado, e as pessoas riram muito, chegavam até a me interromper no meio da palestra para bater palmas. Naquele dia eu senti que arrebentei porque a gente sente, né? Terminei a palestra, e mais de 20 pessoas foram conversar comigo no final, foi incrível.

Essa mesma palestra eu fiz em outra cidade que tem outra característica. Era o mesmo conteúdo, e lá as pessoas estavam todas olhando para a minha cara de braços cruzados e poucos sorrisos. Na hora de refletir sobre o que eu fiz de errado, cheguei à conclusão de que às vezes o público vai realmente reagir diferente a uma mesma palestra sua. Você precisa entender o público: se o público é mais fechado, tranquilo. Não espere que as pessoas sejam tão receptivas ao seu conteúdo, entende? Normal. Então você precisa pensar nisso.

Agora, é muito importante você ficar ligado em uma coisa. Se alguém critica a sua palestra, é você quem decide se tem sentido ou não. Explicando: a primeira coisa que você precisa ter na cabeça quando alguém te fizer uma crítica é que você nunca vai conseguir agradar todo mundo. Eu gosto de dar o seguinte exemplo: se você for no site da Amazon e procurar um livro *best seller*, vai notar que a maioria das avaliações é nota 5 – essas pessoas adoraram, é mais de 80%. Mas tem 1% que deu nota 1. E dessas pessoas que deram nota 1, algumas estão "esculhambando" o livro e dizendo que ele é horrível. Então desencana. Você não vai agradar todo mundo. Eu vou te falar isso nos métodos de *workshop*, *live* e no de *aulas* também.

Porém, se alguém te deu um *feedback* sincero, você precisa avaliar. Tem que pensar: "pera aí, tem sentido para mim?" Se não tiver, joga no lixo. Principalmente no caso de uma palestra, você precisa entender que é um público muito diversificado, e tem gente lá que já domina muito o que você está falando e vai achar "Ah, é mais do mesmo". Assim como tem gente que está começando agora e se você for muito avançado na linha de raciocínio a pessoa pode pensar "ah, não entendi nada". Por isso que o roteiro magnético do módulo 2 é importante. Você precisa refletir e pensar: "espera aí, qual é o público?". Se a maioria for um pessoal avançado, você entrega um conteúdo avançado, porque a maioria quer um conteúdo avançado. Se você for para outra palestra com o mesmo tema, mas você sabe que as pessoas de lá são mais iniciantes, não adianta você acelerar o conteúdo de um jeito avançado porque elas não vão entender nada.

Mas e se for um público muito dividido? Metade é avançada e metade é iniciante? A dica que eu te dou é: você coloca elementos na sua palestra de maneira crescente, partindo do iniciante para o avançado, e assim você vai agradar os dois públicos. Essa última dica serve também para você que não sabe qual vai ser o nível de conhecimento prévio do seu público. Tudo bem que podem surgir alguns pensamentos como "pô, mas não precisava ter enrolado lá no início para chegar nisso, eu já sei de tudo daquilo" por parte das pessoas mais avançadas, ou "caramba, no início tudo estava tão fácil, mas no final eu não entendi mais nada" por parte das pessoas com menos conhecimento prévio. Mas tudo bem, o evento está misturado, é difícil você ter esse público homogêneo. Então cuidado com as críticas que você recebe.

Uma coisa que é mais importante do que as críticas que você recebe, para você ficar ligado, são as críticas que você faz a si mesmo. Cuidado com isso. Não seja o seu maior crítico. É claro que você precisa ter clareza do que você pode melhorar. Voltando no exemplo daquela palestra que eu disse que eu vacilei no início, presencial lá em São Paulo, eu estava me sentindo derrotado. Eu pensei "caraca, perdi a palestra". Não percebi que ao longo da palestra eu trouxe as pessoas de volta, porque eu estava martelando na minha cabeça coisas como "caraca, vacilei". Eu estava fazendo a palestra e me culpando. Mas no final da palestra uma pessoa da organização do evento veio me parabenizar e disse que a minha palestra foi incrível, e com certeza tinha sido a melhor do evento. Então na minha cabeça, por eu estar me cobrando, eu achei que eu tinha sido péssimo, por quê? Porque eu já tinha feito melhor. Mas naquele evento, mesmo eu não conseguindo entregar o meu 100%, eu fui bem, entende? Por quê? Porque era um conteúdo que eu já tinha praticado e eu já usava essas técnicas que eu estou aqui ensinando. Então não seja o seu maior crítico nesse sentido. Melhore e parta para outra, não fique reclamando, beleza? Pratique bastante essas recomendações que eu tenho certeza de que você vai chegar no patamar de **palestrante 10x**.

4. *Case* real: quem pratica, melhora

Neste capítulo eu vou apresentar um *case* real de um agilista que melhorou fortemente a sua habilidade nas palestras. Interessante é que essa pessoa que eu mentorei já tinha experiência dando aulas e outras experiências compartilhando conteúdo, mas ela ainda se sentia longe dessa atuação como **palestrante 10x**, principalmente porque a sua autoconfiança não era tão grande. Essa pessoa sabia muito, tinha uma boa fala, mas não se sentia confiante.

Então a gente trabalhou inicialmente nos pontos fortes dessa pessoa. O que eu quero destacar muito é que **todos nós temos pontos fortes e pontos a melhorar.** O grande problema é quando a gente quer fazer algo usando os pontos fracos, porque a energia que a gente gasta para melhorar um pouquinho do nosso ponto fraco é muito alta. Agora, se a gente foca no ponto forte, a gente acaba gastando pouca energia e melhorando muito.

Eu então peguei essa missão de ajudar essa pessoa, e sabe o que aconteceu? Foi incrível. A mesma pessoa que não tinha aquele brilho no olhar na hora de fazer uma palestra, que era muito introvertida, hoje está arrasando e faz palestras e *lives* de maneira muito legal. Mas, para isso, eu tive que dar alguns *feedbacks* bem honestos, porque muitas vezes, se nós não damos um *feedback* honesto, podemos estar mais atrapalhando do que ajudando.

Vou dar um exemplo louco sobre *feedback*. Vamos imaginar que você me encontre na rua e me veja com a camisa ao avesso. Se você me conhece, e quer o meu bem, você vai falar. Se você não me conhece, você fica com vergonha de falar. Ou, se você me conhece e não gosta de mim, você vai ficar rindo da minha cara, concorda? Aconteceu comigo. O meu filho queria comprar uma revista, então eu fui a várias bancas de jornal e só na terceira o jornaleiro me disse que eu estava com a camisa ao contrário. A camisa tinha o símbolo da Nike, então estava claro e evidente que ela estava do avesso. Eu entrei em duas bancas e ninguém teve coragem de falar nada, mas na terceira o cara me disse e eu me arrumei, foi bem engraçado.

Então uma coisa importante para se ter na cabeça é que, para dar um *feedback* honesto, é necessário saber a forma de dar, e a hora que vai dar, e sempre pensando em melhorias. Então, quando faço mentorias eu sempre tenho esse cuidado de perguntar: "olha, eu posso ser totalmente honesto contigo?". Se a pessoa responder que sim, eu prossigo com os *feedbacks*. E foi o caso dessa pessoa: ela foi muito humilde, muito receptiva e com certeza chegou no 10x. O legal é que tudo o que a pessoa aprendeu para fazer palestra, ela aplica com o time, melhorando continuamente porque é tudo prática. Quanto mais você pratica, melhor você fica se você tiver orientação, porque também tem isso. Tem gente que acha que vai praticar e melhorar sempre, mas talvez não aconteça, porque se você pratica errado sempre, não vai melhorar nunca. Pense em um taxista que dirige mal: se ele não se preocupar, vai continuar dirigindo mal uns 30 anos, e aí não adianta nada. Então você precisa ter alguém para te dar um *feedback* honesto e alguém para te indicar o caminho para você melhorar. Por isso é bom você fazer palestras e ter alguém para te indicar onde você pode melhorar.

Então, relembrando aqui, esses exemplos que eu dou sobre essas pessoas são para inspirar, para você ver o quanto pode melhorar, de onde você estiver. Essa pessoa não tinha absolutamente nenhuma experiência, mas hoje consegue fazer palestra em eventos. Então não tem problema se você nunca fez uma palestra, ou se você nunca compartilhou conteúdo, simplesmente comece. Pratique, que se você se preparar como eu ensinei, eu tenho certeza de que você vai sentir orgulho de você.

5. Conteúdo bônus e livros

Neste último capítulo da Parte 4, eu vou apresentar alguns conteúdos bônus como eu sempre falo, e também alguns livros.

Então, começando com a minha primeira indicação, você vai lá no *podcast* do Advisor10XCast no Spotify, e vai ouvir o Episódio 2: Os 3 passos para destravar o seu potencial. Por que você vai assistir isso? Porque por mais que você já tenha feito a Parte 1 do livro, onde eu ensino você a transformar seu medo em energia, a Parte 2, onde eu falo sobre o seu roteiro magnético, e a Parte 3, onde eu falo sobre **reunião 10x**, nas palestras você se sente mais pressionado porque não é uma reunião com pessoas que você conhece na sua empresa. Você vai fazer um evento para 100, 200, 1.000 pessoas. Então você definitivamente precisa encontrar os seus pontos fortes e escolher um tema que você goste, e que você goste de compartilhar. Então esse é um conteúdo adicional que eu recomendo para você brilhar nas palestras, beleza? Porque a palestra geralmente é mais desafiadora que uma reunião.

Quanto mais você se torna referência em um assunto, mais você vai brilhar na palestra, porque você já chega ganhando. Mesmo se você pegar a pessoa mais experiente em palestras, se ela pegar um tema que não domina, vai acabar travando, e isso é normal, entende? Quando falo sobre um assunto que eu domino, fico à vontade, participo de painel e mais outras várias coisas, porque já está tudo claro na minha cabeça e eu já tenho repertório para aquilo. Agora, se eu for falar de um assunto que eu não conheço, eu vou travar. Imagine se eu tiver que fazer uma palestra de finanças, por exemplo, "onde investir o seu dinheiro". Eu vou ficar lá travado, entende?

Pensando nisso, eu separei o Episódio 1 do Advisor10XCast no Spotify também: Os primeiros passos para ser referência em sua carreira. E aí, você se tornando uma referência, você vai receber mais convites para palestras. E eu quero de verdade que você ame esse momento de fazer palestras, porque é muito gostoso você ser reconhecido por fazer palestra. Geralmente quem faz palestra é porque é uma referência no assunto, pense nisso. Também é uma grande oportunidade.

Agora eu gostaria de passar livros. O primeiro livro é o "TED – falar, convencer, emocionar" (2017), do Carmine Gallo, que complementa o livro que ele escreveu sobre *storytelling* e também complementa o livro "TED Talks" (2016) do Chris Anderson.

O segundo livro é o "Story Brand" (2019), do Donald Miller, que é um livro bacana por fazer uma conexão de marketing com *storytelling*.

Lembrando que você não é obrigado a comprar os livros, pelo contrário, tudo o que estou passando é como se eu tivesse batido no liquidificador as minhas experiências e esses livros todos que eu estou passando para você, eu li e aplico. Agora, se você quer se tornar uma referência e melhorar continuamente, vale a pena você pegar alguns desses livros e ler, para aplicar também no seu dia a dia.

Terminamos agora a Parte 4 deste livro, que eu considero a cereja do bolo, porque uma palestra coloca você em evidência e lhe dá a oportunidade de impactar muito mais pessoas, de contribuir com muito mais pessoas, de você ser reconhecido como referência na sua área. Invista nessa Parte 4 do livro e pratique, para você se tornar alguém que as pessoas respeitam e admiram mais. Claro, você precisa sempre pensar que a palestra é para ajudar os outros e não você, mas, naturalmente, a cada palestra que você faz, você se torna referência e se torna mais conhecido, e quem sabe até você receba alguns convites para fazer palestras pagas em empresas. Por que não? Acontece comigo isso hoje, e pode acontecer com você também.

Na Parte 5 do livro eu vou falar sobre *lives*, e é bom você fazer *lives* porque você treina para arrebentar quando você chegar nas palestras. Eu faço *lives* quase todos os dias e isso se torna também uma oportunidade para melhorar continuamente. Estou sempre treinando, praticando e melhorando meu repertório. Faço conexões e amizades com um monte de gente. Então eu vou ajudar você na Parte 5 com as suas *lives*.

PARTE 5.
MÉTODO PARA *LIVE* 10X

Nesta parte do livro, vou demonstrar o nosso método para fazer ***lives* 10x**! O interessante aqui é que você vai aproveitar muito conteúdo que você aprendeu comigo na parte de palestra. Mas a *live* é um pouco diferente, já que você não precisa de slides nem de um tema definido – você faz o que você quiser, e por isso é "mais *light*", porque a *live* é sua! Não queira fazer *live* para agradar os outros; faça *lives* para ajudar os outros, mas com o seu repertório, com o que você tem de experiência e com a sua essência. Nas *lives*, aparece quem quiser assistir, e por isso você também pode fazer o que você quiser, e isso é muito legal.

No Capítulo 1 eu vou apresentar o que você precisa fazer antes de cada *live*.

No Capítulo 2 eu vou mostrar o que você deve fazer durante as suas *lives*.

No Capítulo 3 eu vou mostrar como você pode evoluir com os seus resultados para uma **live 10x**.

No Capítulo 4 eu vou mostrar um *case* real de uma evolução nas *lives*.

E no Capítulo 5, como sempre, vou passar algumas indicações de conteúdo bônus e livros que podem ajudar você a se aprofundar bastante nos assuntos que você acha que faz mais sentido para você no momento atual da sua carreira.

1. Antes da *live*

A primeira coisa que eu sugiro você a fazer é aplicar todas as recomendações do método **palestra 10x**: cada *live* tem que refletir o conteúdo que você ama compartilhar. Isso é muito importante. A primeira dica que eu vou trazer aqui eu dei para um dos meus mentorados, que é executivo e deseja entrar nessa área de compartilhamento de conteúdo no mundo digital: ter um canal no YouTube, um perfil no Instagram etc. Ele estava em dúvida sobre dois temas: um tema de tecnologia e outro que era mais como um hobby para ele. Então eu perguntei: "por qual dos dois temas você tem mais paixão?", e ele ficou em dúvida. Então você precisa escolher alguma coisa que você tenha paixão por compartilhar. Por quê? Porque tem gente que faz *lives* por obrigação, e é um saco você fazer algo que você não gosta. É muito ruim, então escolha um tema pelo qual você tenha paixão. Como eu faço isso? Eu já ajudei na primeira parte do livro, mas aqui eu vou trazer algumas dicas adicionais.

Quais livros você comprou recentemente? Quais *podcasts* você ouve com frequência? A quais eventos você vai? Qual parte do seu trabalho hoje que você adora? É um sinal, porque *live* nada mais é do que uma palestra aberta para todo mundo assistir, gratuita. Então, se é um conteúdo gratuito, as pessoas vão até você se você falar algo que se conecte com elas.

Você precisa fazer alguma coisa que você goste, e compartilhar da maneira que você é, e logo as pessoas que tiverem afinidade com você certamente virão consumir o seu conteúdo. Tem gente que só pensa em fazer conteúdo viral e que todo mundo está comentando no momento, mas a pessoa não gosta daquele conteúdo de verdade, nunca viveu aquilo e logo vai se cansar e se sentir mal. Você precisa fazer algo que você gosta, sobre um tema que você falaria para qualquer pessoa. Uma coisa importante a se pensar quando se fala sobre *lives* é não esperar estar pronto. Tem gente que fala "não, eu vou começar a fazer *lives* depois que eu tiver um cenário maneiro, câmera, luz, microfone profissional, quando eu tiver um computador maneiro, quando eu tiver tudo de bom...". Errado! O ideal é começar hoje, ou mais precisamente quando você terminar essa Parte 5 do livro. Com o seu "celularzão" mesmo! Com a câmera do seu computador. Comece. É mais importante para a sua audiência o conteúdo que você compartilha, com um roteiro maneiro e conteúdo rico e que traga valor para as pessoas, do que o microfone, a sua roupa ou o seu cabelo.

Mas eu não posso deixar de dar essa dica: **comece, mas vá melhorando**. Por exemplo, você não pode usar para sempre a câmera do seu computador. Compre uma câmera que conecte na USB do seu computador, entende? Tem um monte de câmera de vários modelos disponíveis na internet, pegue uma "melhorzinha", com uma resolução razoável. Por quê? Porque, além da resolução ficar melhor, você melhora a visualização para a sua audiência. Às vezes a câmera do seu computador nem sempre fica na sua altura etc. Eu colocaria a câmera na altura dos meus olhos. Em um *notebook*, por exemplo, é bem mais difícil você deixar a câmera na altura dos seus olhos, e o ângulo não fica bom. Então essa foi a primeira dica: comece com o que você tem agora, mas não deixe de melhorar seus equipamentos assim que possível.

Se você quer fazer *lives*, palestras e até trabalhar com um "ar mais profissional", use uma câmera externa. Outra coisa é o microfone. Pegue um microfone um pouco melhor – pode ser um fone de ouvido ou um microfone um pouco mais profissional. Não deixe de atentar para a iluminação, pois ter um ambiente bem iluminado é muito importante para fazer *lives* e principalmente palestras pagas. Por quê? Porque a iluminação vai ajudar a ficar com um ambiente mais profissional. Então é interessante você comprar algo parecido com um *ring light* e deixar de frente para você. É legal investir na sua iluminação do jeito que você consegue. Sobre o seu cenário, que é tudo o que fica atrás de você, é interessante talvez botar uma estante com as coisas que você gosta.

Agora, compartilhando uma opinião minha, eu acho que palestrantes e pessoas que gostam de compartilhar conteúdo deveriam gostar de livros, então eu vou dar uma dica aqui: pegue o hábito de ler. Você percebeu que eu passei um montão de dica de livro, não é mesmo? Então sugiro que você pegue esse hábito – afinal, como você vai compartilhar bastante coisa se não estiver aprendendo coisa nova? Participe de mentorias, *workshops*, *lives* e faça cursos, porque você vai aumentar o seu repertório. Quem compartilha precisa ter coisas novas para compartilhar também. Experiências reais.

Então voltando para o cenário, uma sugestão legal que eu dou é pegar os livros que você mais gostou e colocar no seu cenário. Importante atentar também para a posição em que você vai colocar a câmera para gravar. Tente achar uma posição central, para não ficar nem muito para os lados nem para cima nem para baixo. Pense em um telejornal: as pessoas ficam centralizadas? Pense nisso também. Não deixe a câmera cortar a sua cabeça nem os seus ombros, tente se manter sempre no centro.

É claro que no início não precisa de todas essas frescuras. Vai que vai! Mas, com o tempo, é interessante você ir se profissionalizando. Vou dar uma dica quente: eu mentoro pessoas para fazerem entrevistas, e inclusive vou escrever um livro chamado **Entrevista10x**. Então você imagina chegar em uma entrevista para gerente executivo, que vai fazer reuniões com outros executivos e clientes importantes, estando todo bagunçado, com o cenário bagunçado, iluminação ruim, microfone barulhento? Se eu fosse o *head* da empresa, iria pensar "caraca, eu vou botar esse executivo para falar com os meus melhores clientes?". É assim que funciona, é tudo bem visual. Tem gente que deixa tudo bem bagunçado, e eu não estou julgando, pois eu sei que tem gente que tem dificuldades, mas para os cargos de maior responsabilidade as pessoas vão pagar um salário melhor – e pagando um salário melhor, espera-se que a pessoa tenha um capricho maior com tudo. Eu estou dizendo isso porque a sua *live* pode mostrar coisas interessantes sobre a sua organização, entende? Imagine uma pessoa que trabalha com planejamento estratégico e o cenário dela é todo bagunçado? As pessoas vão achar que essa pessoa não tem organização. Tem coisa que não se fala, mas inconscientemente as pessoas pensam. Cuidado com essa situação. Então tudo o que você puder melhorar, melhore. Por quê? Porque em uma *live* você vai atrair pessoas parecidas com você. Então, se você quiser atrair pessoas que investem em si, no sentido de melhorar continuamente, e você já começou há um ano e não melhorou o seu cenário, as pessoas vão notar que você não está exatamente melhorando. É muito melhor comparar o hoje com o passado e ver que melhorou do que o contrário, concorda? Então pense nisso.

Outra coisa importante é que em *live* aparece muito medo. Eu sei porque eu já mentorei pessoas que queriam começar a fazer *lives*, e algumas delas apresentaram medo de começar. Às vezes a pessoa chega até mesmo a fazer palestras, mas acaba ficando com medo de fazer *live*. Eu não sei o que acontece, se é psicológico, ou se a pessoa fica olhando para a câmera com medo e receio de não saber quem está assistindo, ou talvez fique triste porque não aparece ninguém na *live* e fica com medo de passar vergonha, ou talvez até fique com medo de muitas pessoas desconhecidas entrarem e falarem mal dela... enfim. Eu quero dar uma dica: pegue uma pessoa de confiança e faça uma *live* junto no Instagram, por exemplo. A vantagem de fazer *live* no Instagram é que o Instagram avisa para os dois perfis e dá para juntar os dois. Eu já ajudei pessoas que nunca tinham feito e as chamei para fazerem comigo; então você pode começar a fazer com pessoas de confiança e começar a perder seus medos.

Hoje você tem várias opções e plataformas para escolher. A minha principal é o LinkedIn, mas ao mesmo tempo eu uso o StreamYard; então a mesma transmissão vai para o LinkedIn e para o YouTube. A vantagem do LinkedIn, para mim, é que é a rede que eu tenho mais seguidores e a minha empresa está alocada lá, assim como várias outras. Então o LinkedIn é uma rede mais corporativa, o que às vezes acaba divulgando o meu trabalho e da minha empresa por aparecerem executivos lá nas minhas *lives*.

Eu tenho hoje em torno de 47 mil seguidores no LinkedIn, o que significa que, quando eu faço *live*, há uma tendência de o LinkedIn avisar para mais pessoas. Nenhuma rede social vai avisar para todo mundo que você está ao vivo, e por isso eu dou prioridade para aquela em que eu tenho mais seguidores. Você precisa saber qual dessas plataformas tem mais aderência com o seu público e para o que você quer fazer. O YouTube também é uma rede de compartilhamento de conteúdo que vale a pena conferir para você fazer as suas *lives*, que é possível mesmo com poucos inscritos. E pode ser que uma hora cresça. Também tem o Instagram, que, de todos aqui, é o mais fácil. O Instagram popularizou essa parada de fazer *lives*, e é muito fácil: é só você pegar o seu celular e já aparece a opção de fazer *lives*. Então se você está começando do zero, sugiro que você priorize o Instagram. É o jeito mais fácil de fazer, e você faz na hora que quiser.

Mas cada um tem um medo diferente, ou um obstáculo diferente – talvez você pense que se você começar a fazer *lives* ninguém vai aparecer. Dica: se você tem esse receio de fazer uma *live* sozinho, como eu já disse antes, tenta fazer com outra pessoa e pede para alguns amigos seus assistirem, até para interagirem com você e te darem coragem. Então antes da *live* é legal você fazer todo esse *checklist* e passo a passo para você chegar de boa e mais confiante.

2. Durante a *live*

O que você faz durante a *live*? Você vai aplicar todas as recomendações da parte de palestra, e considerando o que eu já ensinei lá, você vai decidir também como vai interagir com as pessoas. Aí você vai decidir se vai falar todo o conteúdo e depois vai abrir para dúvidas ou se você vai falando e vai lendo os comentários. Como você prefere? Eu vou falar como eu prefiro. Eu gosto de fazer a *live* e ler os comentários, e aí de acordo com o comentário eu complemento e falo alguma coisa relacionada. Às vezes eu respondo a uma pergunta, e assim por diante. Quando é um conteúdo mais técnico ou específico, às vezes eu vou até o final do conteúdo e depois abro espaço para as perguntas. Você então precisa decidir como é que você prefere.

Durante a *live* é o momento de você estar focado. Mas às vezes vem um comentário agressivo, ou você vê várias pessoas entrando e saindo, e acaba ficando inseguro. **Eu sugiro fortemente que você ignore o indicador de quantas pessoas estão vendo a sua *live*.** Faça a sua *live* de boa, conversando com as pessoas, e se ninguém interagir no início você continua falando, e falando, e falando. Se você fizer consistentemente todos os dias, ou um único dia, mas toda semana (de preferência o mesmo dia – por exemplo, toda terça), o algoritmo da plataforma que você está usando vai acabar divulgando para as pessoas que algum momento interagiram com você ou para pessoas parecidas com essas pessoas que interagiram. O mais importante aqui é você não mudar a sua essência.

Por exemplo, você fez uma, duas, três *lives* e não apareceu ninguém, aí você pode começar a pensar que você precisa mudar porque talvez o problema seja você, mas não é. Talvez o problema seja o algoritmo. Já que você está começando agora, ele não manda para ninguém. Acontece. Por isso que é bom você pedir para pessoas amigas fazerem as *lives* junto com você e também pedir para as pessoas que você conhece assistirem. Não tem problema nenhum nisso.

Pessoas que hoje possuem milhares de seguidores acompanhando, no início também pediram para algumas pessoas próximas acompanharem, inclusive para dar *feedback*.

Então outra dica que eu posso dar é essa: no início, não faça uma hora de *live* – faça 20 minutos, meia hora. Até as pessoas que vão assistir podem pensar "ah, é meia hora, passa rapidinho". Eu atualmente faço as minhas *lives* no LinkedIn com duração de uma hora. Todos os dias, de segunda a sexta, sete e meia da manhã. Aprofundo o conteúdo, troco uma ideia com a audiência, faço uma provocação etc. Eu me acostumei, então eu faço uma hora. Mas, para você começar, sugiro que você faça 20 minutos ou meia hora, tá legal?

Outra coisa interessante para se ter na cabeça é que *live* não é uma aula, é uma conversa. Como se você estivesse ensinando alguma coisa para um amigo seu ou uma amiga sua. E nessa conversa você pode pensar em algum tópico para você fazer uma pergunta, ou deixar eles fazerem uma pergunta ou comentário. O grande lance aqui é que, se você estiver iniciando e não tiver ninguém assistindo, não faça perguntas para ninguém, tudo bem? Eu vou "abrir um parêntese" aqui e falar sobre a minha filha: ela tem 8 anos e gosta de gravar vídeos de joguinho, de brincadeirinhas, e às vezes ela se conecta com o priminho dela lá de São Paulo e eles fazem simulação de *lives*. É muito interessante ouvi-los falando coisas do tipo "olha, galera, vocês que estão me assistindo aqui, curte, comenta, aciona o sininho...". É incrível! Não tem ninguém assistindo, mas estão os dois fingindo que tem. E ela fala com um ânimo que é contagiante.

Mas você que está lendo isso, se você sabe que não tem ninguém assistindo, não precisa falar "olha, você aí..." porque não tem ninguém, entende? Mas tudo bem, é muito importante você não focar nisso, pois você está compartilhando conteúdo, e esse conteúdo está ajudando a melhorar a sua comunicação. Então se você está começando uma *live*, você precisa traçar algumas metas como "o meu objetivo é ficar um ano fazendo conteúdo. Não estou preocupado com a quantidade de pessoas que participam. Eu estou preocupado, em um ano, em melhorar muito a minha comunicação, melhorar muito o jeito como eu apresento as informações – e você vai se especializando na fala e no conteúdo. Eu tenho certeza absoluta de que, depois de um ano, você vai estar arrebentando. E aí naturalmente algumas pessoas vão começar a assistir as suas *lives*.

Agora deixa eu dar outra dica: tem gente que pensa "ah, eu vou fazer de qualquer jeito". Não faça isso. Siga o que você aprendeu lá na Parte 2 do livro, na parte de roteiro magnético, faça *lives* colocando um estudo legal, colocando uma analogia legal, colocando uma experiência pessoal, um *storytelling*... comece uma vez na semana com um conteúdo bom. Se o seu conteúdo é bom, ele vai aparecer um dia. O que não pode é você fazer um conteúdo meia-boca, pois as pessoas nunca vão se interessar. Essa é a realidade. Reflita sobre isso. Converse com a sua audiência, ajude-a de verdade. Quem ajuda outras pessoas a ter resultado gera resultado para si. Pense nisso. Já falei isso aqui anteriormente.

Outra coisa muito importante é que, em uma *live*, você não pode ser uma pessoa super sincera que fala tudo o que pensa. Você precisa ser o mais natural possível e respeitar a sua essência, mas não seja aquela pessoa super sincera que fala o que pensa. Sábio não é aquele que fala o que pensa, mas sim aquele que pensa no que fala. Então, nas *lives* é bom sempre ter cuidado, pois às vezes você pode dar uma opinião polêmica ou agressiva com algum grupo específico. Não faça isso. Talvez algumas pessoas orientem a escandalizar mesmo e "botar para quebrar", porque se você polemizar pode aparecer um monte de gente na sua *live*, às vezes até para confrontar, mas que pode ser bom por um lado etc. Eu sugiro que você não faça isso, pois você vai ser reconhecido como uma pessoa encrenqueira, "reclamona" e brigona. Eu não recomendaria ninguém a fazer isso. Agora, é legal se você souber se posicionar. É um balanço. Eu sempre digo que o equilíbrio é tudo.

E uma coisa que você precisa ter em mente também é a seguinte: o seu conteúdo, a sua experiência e o seu jeito de falar vão ser atrativos para alguém. Sempre tem gente que vai gostar de você. Você vai atrair pessoas com afinidade em relação a você, então você não precisa mudar, mas você pode melhorar. Então se você não gosta da sua voz, acha que fala de um jeito muito acelerado ou muito lento, ou tenha qualquer objeção sobre si mesmo fazendo as suas *lives*, se você mudar muito o seu jeito, vai ficar artificial. É melhor você melhorar aos pouquinhos, mas mantendo a sua essência.

Por exemplo, se você é mais brincalhão, ou brincalhona, se você gosta de manter um ritmo mais leve, mais tranquilo, haverá pessoas que vão gostar de você assim. Mas vai haver pessoas que vão odiar você assim. Então, quando você muda o seu jeito para agradar certas pessoas, você deixa de agradar quem já gostava de você do seu jeito. Então cuidado com esse negócio, porque isso é uma coisa que poucas pessoas vão falar para você dessa maneira tão direta.

Seja você mesmo, melhore o seu jeito de falar, o seu roteiro, a sua didática e a sua interação, mas não mude a si mesmo, porque se você mudar a sua essência para agradar alguns, você não vai estar agradando o mais importante, que é você, e aí não vai ter adiantado nada você ter começado a fazer *lives*. Então pense nisso: durante a *live* você precisa estar leve e tranquilo, entregando um conteúdo de valor para as pessoas que estão assistindo.

3. Evolução para *live* 10x

Neste capítulo eu vou apresentar algumas recomendações adicionais para você evoluir para o patamar de **live 10x**, ou seja, para você chegar no melhor nível da sua performance, entregando um conteúdo 10x melhor do que você já faz. Sempre lembrando que, quando estamos falando de *lives*, estamos falando também de um movimento contínuo – e tem gente que faz *live* há 5 anos. Não se compare a essas pessoas pensando "nossa, aquela pessoa é incrível e eu não", pois tem 5 anos que essa pessoa faz *lives*. Compare você a você mesmo.

Então, quando a gente fala sobre evolução, você precisa refletir sobre as *lives* que você já fez. Pense assim: "em quais momentos da *live* eu me senti mais natural?", "em quais momentos me senti confiante?", "em quais momentos me senti realmente útil?". Ou, talvez, em qual parte você recebeu um bom *feedback* por conta daquilo que você compartilhou. Isso você precisa repetir.

Outra coisa que você precisa fazer é refletir também sobre os dias em que você não achou bom, que você sentiu algum desconforto, seja porque você falou sobre algum tema no qual você não estava muito seguro, ou por conta de algum comentário que alguém fez talvez de uma maneira agressiva. Se você não pensar nessas coisas, você não vai lembrar, e se você não lembrar, você talvez possa achar que a *live* foi toda péssima, mas provavelmente não foi. Talvez tenha sido apenas um momento. Um momento em que alguém entrou e atrapalhou, ou você viu que não tinha ninguém assistindo etc. Existem depoimentos de várias pessoas na internet que contam que, quando elas começaram, não tinham ninguém para assisti-las nas primeiras *lives*, e hoje elas têm milhares de seguidores, às vezes milhões. Então esqueça o número no início e faça o seu melhor. Alguém vai aparecer, e alguém vai se conectar com você. E aí, enquanto você está entregando o seu conteúdo de valor, você vai se realimentando. Às vezes você pode pensar "ah, eu não gostei daquele dia, não fui bem com o meu tema". Talvez aquele tema não seja para você, então você pode mudar de tema para algo com o qual você esteja à vontade.

Outra dica muito legal que eu acho que você deveria seguir, e que eu mesmo faço nas minhas *lives*, é refletir sobre o comentário das pessoas, pois elas podem acabar comentando pedindo um conteúdo específico que complementa aquele tema que você está apresentando, ou quem sabe elas peçam para falar sobre outro tema – e isso vale ouro demais. Você pode pedir para a sua audiência (não importa se tiver 5 ou 10 pessoas) uma sugestão referente ao tema das próximas *lives*. É muito bom aproveitar isso. Pergunte qual a dificuldade as pessoas têm com um tema x, e as pessoas vão comentando. Você vai anotando para gerar conteúdo para as próximas *lives*. Lembrando que a minha sugestão é você escolher um tema com o qual você tenha experiência, que você goste e no qual você queira evoluir.

Quanto mais você faz *live* e ajuda as pessoas, isso acaba voltando para você como força. Se você ainda não fez o papel de um mentor, ou de uma mentora, eu vou te falar que é uma coisa incrível ver os resultados de alguém que você ajudou aplicando o que você ensinou. O *feedback* dessas pessoas não tem preço. Isso vai acontecer com você eventualmente. Quando você faz uma *live* e ajuda as pessoas a conquistar objetivos, ou talvez com uma dica ou um *insight*, as pessoas vão ficar agradecidas. Então se você tiver dificuldades para pensar em temas para a sua *live*, pegue uma dificuldade que você teve quando você estava trabalhando com um assunto específico, uma dúvida que alguém mandou pra você, uma reunião em que você participou na sua empresa e onde acabou ajudando alguém, dúvidas frequentes que aparecem sobre alguma coisa, enfim. Existem várias maneiras de se criar conteúdo, e uma delas é justamente essa: acompanhar e avaliar os seus comentários.

Outra coisa que você pode fazer é pegar um tema que você gosta e procurar no YouTube os vídeos com mais visualizações sobre aquilo. Você pode pegar um tópico interessante que as pessoas estão comentando e basear sua *live* naquilo. É uma maneira também.

E agora eu preciso falar uma coisa muito importante. Podem aparecer pessoas que só estão lá para criticar o seu conteúdo, e é bem possível que estejam no lugar errado, porque as pessoas só entram na *live* se quiserem. A maioria nem começa a fazer *live* por conta do medo dessas pessoas arrogantes e agressivas. O que você faz com essas pessoas grosseiras? Ignora, principalmente na sua *live*.

O que é uma *live*? É você apresentar um assunto e atrair pessoas que querem ouvir o seu conteúdo. Então quem está lá e não concorda com o seu conteúdo, é só ir embora. Você não obrigou ninguém, e ninguém está te pagando nada, então é só a pessoa ir embora, entende? Comigo nunca aconteceu, porque em todas as *lives* que eu faço só chegam pessoas do bem. A gente atrai pessoas parecidas e que têm afinidade com a gente e com o nosso conteúdo. A gente se conecta com pessoas que a gente admira ou são parecidas com a gente e vários estudos mostram isso. Então nunca aconteceu de alguém ser grosso em *live* comigo, mas em *posts* do LinkedIn acontece. Eu coloco uma parada lá que é a minha opinião, e aí vem gente agressiva falando um monte de coisa. Eu ignoro a grande maioria.

Mas se alguém agressivo aparecer ou na minha *live* ou na sua, o que precisamos fazer é usar aquela técnica que eu ensinei lá na parte de reunião. Mas aqui é ainda mais fácil porque você pode simplesmente falar: "olha, o meu conteúdo é esse, eu estou compartilhando as minhas experiências, e se isso não conecta com o seu momento de vida, e se você não concorda, beleza. Segue a sua vida, que eu sigo a minha". Simples assim, e fácil. Você não está pedindo para a pessoa participar. Você não chamou ninguém e iniciou a sua *live*. Aparece quem quer. Então se a pessoa entrou e não gostou, ela pode simplesmente ir embora. A sua *live* é como se fosse a sua casa, entende? Você pode convidar qualquer um, mas as pessoas que chegam têm que respeitar você, afinal é a sua casa. Então se a pessoa chega na sua casa falando "nossa, que televisão feia, que sofá feio, bláblábla", você tem que lembrar que a casa é sua, você faz o que quiser e a pessoa tem que respeitar isso. Na sua *live* é a mesma coisa. Tenha essa mentalidade: sua *live*, suas regras, e você faz o que quiser. Se alguém entrou e não está satisfeito, dê um tchau amigável, e a pessoa deve ir embora.

4. *Case* real: evolução com *lives*

Agora eu vou apresentar um caso real de uma pessoa que eu mentorei, que saiu do zero e hoje faz palestras, *lives* e compartilha vários conteúdos. Vai ser muito legal falar dessa pessoa que é *head* de agilidade, é uma pessoa que eu admiro muito. Nem imaginava fazer *lives*, e hoje tem suas *lives* semanais, já fez palestras, dá aulas em MBA, é uma pessoa que tem muito repertório para compartilhar. E o mais legal é que ela começou participando como convidada das minhas *lives*, e aí me deu esse "click" para falar sobre isso aqui.

O mais legal que eu queria fazer você refletir aqui é que tem coisas que talvez você nunca tenha pensado, e talvez esse livro dê esse "click". Talvez você tenha comprado este livro para melhorar as suas reuniões, ou palestras, quem sabe, mas aí de repente você cai nessa parte do livro aqui que fala sobre *lives*, e aí quem sabe você comece a focar nas *lives*. É isso que eu quero, eu quero essas histórias.

É importante também não deixar de fazer as coisas porque tem gente falando mal, porque esse mundo é muito louco. Cinco anos atrás as pessoas me julgavam porque eu queria aparecer no LinkedIn, mas eu nunca vi problema nisso, eu só queria compartilhar conteúdo. Se alguém chegasse para mim e dissesse "ah, mas eu não concordo...", eu diria "ok, então não faça, deixa eu fazer". Eu não pedi para ninguém fazer, entende? Tem muita gente que quer fazer mas não tem coragem, ou nunca pensou em fazer e fica com raiva de quem faz. Esquece, pensa em você. Você vai ser feliz ajudando as outras pessoas com as suas *lives*? Faça.

E é uma melhoria contínua a cada episódio. Tem que ter coragem – e sabe qual é o melhor de tudo? É que quando você arruma coragem de fazer a sua própria *live* e o seu próprio canal, você ganha ainda mais coragem, e vai conseguir direcionar essa mesma coragem para outras áreas da sua vida. Acredite em mim: se você tem coragem de fazer alguma coisa que não é trivial e que requer que você quebre alguns medos que você tem, você ganha autoconfiança para fazer outras coisas. É certo disso acontecer. Fazer *lives* é você treinar, praticar, ganhar musculatura e força para fazer outras coisas que você talvez nem tenha pensado em fazer. Então reflita sobre isso. Fazer *lives* é uma coisa que pode ser muito útil para você no futuro.

As empresas querem cada vez mais pessoas que saibam compartilhar conteúdo, então se você faz *lives*, nem que seja uma vez só por semana, você já vai se ajudar bastante. E talvez o seu conteúdo vire *podcast*, e você possa se apresentar no mercado, em uma entrevista, e até na sua empresa, dizendo que você faz *lives* semanais e compartilha conteúdo. O mais bacana disso é que as pessoas curiosas e os seus conhecidos vão assistir. Se for um conteúdo que agrega valor para eles, eles vão continuar assistindo.

Agora para complementar esse *case* real, eu quero dizer que você vai ter um monte de obstáculos, mas pense nos benefícios. Quais benefícios? Você vai treinar a sua fala, a sua didática e a sua desenvoltura. Sabe o que vai acontecer? Muitas empresas vão te procurar porque sabem que você compartilha conteúdo bom. As empresas querem pessoas que compartilham conteúdo bom, dentro e fora das empresas. Por quê? Porque hoje a gente precisa ser aquele eterno aprendiz, e se a gente tem na própria empresa pessoas com essa habilidade, já é algo que vale ouro. Então é outro benefício para você considerar e fazer suas *lives*. Não precisa pensar em virar um *popstar* e ter milhões de seguidores, vender curso etc. Pensa que é para você melhorar como pessoa e ajudar outras pessoas. Só isso já valeu, e é claro que virão muitos outros benefícios.

5. Conteúdo bônus e livros

Neste capítulo eu vou apresentar o nosso conteúdo bônus para você melhorar mais ainda tudo aquilo que você está evoluindo aqui durante a leitura deste livro.

A primeira indicação é você entrar no *podcast* Advisor10XCast lá no Spotify, e você vai ouvir o Episódio 3: Pratique os 3 pilares contra a procrastinação. Fazer uma *live*, que é o tema dessa parte do livro, é um desafio muito grande, não é fácil não. Quando comecei, eu já fazia palestras, *workshops*, dava aulas em MBAs, e foi difícil porque é uma coisa nova, né? Mas a procrastinação é você adiar coisas importantes – adiar coisas fúteis não tem problema –, mas se você decidiu que você quer fazer *lives*, você tem que trabalhar a sua mentalidade para não ficar adiando com pensamentos do tipo "ah, quando chegar minha câmera eu começo as *lives*...", "quando chegar o *ring light*...", "quando eu melhorar o meu cenário...". Sempre vai ter uma desculpa, então cuidado com isso. Ouça esse *podcast* onde eu cito três passos para você quebrar essa parada.

E quanto mais desafiadora for a sua iniciativa, mais você vai ter que trabalhar com a sua cabeça e a sua mente para evitar a procrastinação, porque nós sempre vamos ter uma desculpa para dar, entende? Então, lembrando, você vai melhorar tudo o que eu falei, iluminação, câmera, áudio etc. Mas não deve ser o seu obstáculo. Faça e vai melhorando sempre. Esse episódio vai ajudar muito não só em *lives*, mas em todos os outros projetos que você quiser fazer.

A segunda indicação é o Episódio 9: *MasterMind* – e por que ele é importante? Porque lá eu explico que *MasterMind* é você estar em um grupo de pessoas que têm os mesmos objetivos que você. Este é um conceito do Napoleon Hill, muito falado hoje em dia, e eu até tenho o meu *MasterMind*, que é o meu grupo de pessoas que querem evoluir com um objetivo específico, crescer mais e se desenvolver. E eu sugiro que você ouça esse episódio e conviva com pessoas que querem o mesmo crescimento que você, pessoas que gostam de compartilhar, pessoas que querem crescer, e aí você começa a se conectar com essas pessoas. Isso é muito importante, e nesse episódio 9 eu vou ajudar você a entender um pouco melhor como funciona o *MasterMind.*

Agora falando sobre livros, aproveitando que eu citei o Napoleon Hill, eu gostaria de sugerir um livro dele chamado "Quem assiste enriquece" (2020). É um livro muito interessante porque ele valoriza bastante o aprimoramento contínuo que é justamente adquirir conhecimento assistindo palestras e consumindo conteúdo. Ele viveu na época de mil novecentos e alguma coisa. Nem existia a ideia da internet naquela época, o que existia bastante era rádio, e depois veio a televisão. Então ele compartilhava bastante conteúdo no rádio e fez uma pesquisa com milhares de executivos e milionários. Ele acabou fazendo muitos livros legais por conta dessas pesquisas. Um desses livros é este que eu sugiro que você leia, por quê? Porque você vai entender que compartilhar conteúdo não é só *lives* – a *live* é um canal, e você precisa ter a essência de alguém que gosta de compartilhar conteúdo.

O último livro que eu vou sugerir é um livro do Carmine Gallo chamado "Comunicação é tudo" (2007). Eu gosto muito dos livros do Carmine Gallo porque ele tem uma habilidade admirável de se comunicar e formar pessoas que melhoram a comunicação. Então, nesse livro, você pode achar práticas destacadas sobre como você pode melhorar a sua comunicação.

Não precisa ler tudo de uma vez, o mais importante é você focar mesmo no conteúdo deste livro aqui, **Comunica 10x**. Uma vez que você sinta que quer se aprofundar um pouco mais nesses assuntos, vale muito a pena dar uma olhada nos livros que eu recomendo.

PARTE 6.
MÉTODO PARA AULA 10X

Nesta parte do livro eu vou ajudar você a preparar aulas incríveis. É muito importante que você, sendo professor ou não, tenha a clareza de que o mundo mudou muito. No passado, os professores eram considerados donos da verdade, até porque não tínhamos o Google, mas agora temos. Antigamente os professores davam todas as respostas, e era esperado que os alunos ficassem lá sendo passivos e recebendo conhecimento. Hoje em dia isso mudou radicalmente, e cada professor tem que ajudar os alunos a fazer as perguntas certas e refletir criticamente sobre os acontecimentos. E, no caso aqui, eu quero de verdade que você tenha condições de fazer **aulas 10x**. O que são **aulas 10x**? São aulas nas quais você consegue compartilhar o seu conhecimento e gerar reflexão nas pessoas.

Tudo o que eu vou ensinar aqui você pode usar em aulas de MBA, graduação, certificações, cursos livres ou até mesmo cursos na sua empresa. Depois dessa parte do livro eu vou falar sobre *workshop*, e qual a grande diferença? A diferença é que em uma aula você precisa saber explicar didaticamente e gerar reflexão, já em um *workshop* o objetivo é aperfeiçoar técnicas por meio da explicação e atividades práticas. Você vai usar tudo o que eu vou explicar nesta parte depois na parte de *workshop*, porque um *workshop* junta as duas coisas: aulas expositivas e mão na massa. Então são duas partes complementares. Também é verdade que você pode usar tudo o que você aprendeu antes na parte de palestras e *lives* aqui também. Porém, em aulas, existem algumas informações complementares, principalmente se você foi contratado por um curso ou uma universidade para dar um conteúdo já definido na ementa. Você não precisa mais ser aquele professor que sai metralhando os alunos de conteúdo para no final eles nem lembrarem de nada. A ideia aqui é que as suas aulas sejam realmente **10x**, e que você consiga, lá na frente, ser lembrado pelos alunos por ter feito a diferença na vida deles.

No Capítulo 1 eu vou mostrar o que você precisa fazer antes de cada aula.

No Capítulo 2 eu vou mostrar o que você deve fazer durante as suas aulas.

No Capítulo 3 eu vou mostrar os passos avançados para você chegar no patamar de **aula10x**.

No Capítulo 4 eu vou mostrar um *case* real em relação a um *feedback* poderoso.

No Capítulo 5, como sempre, vou sugerir a você que consuma alguns conteúdos bônus e também livros que podem ajudar bastante.

1. Antes da aula

Neste capítulo eu quero deixar claro o método que você precisa seguir antes das suas aulas. Você precisa praticar todas as recomendações que eu já ensinei na parte de palestra. Por quê? Porque, mesmo com a aula sendo expositiva, você precisa gerar *insights* concretos nos seus alunos. Você vai pensar que cada aula é um pedaço de algo maior. Lembrando que eu estou falando sobre o ensino direcionado aos adultos nesta parte do livro, até porque ensino para adultos é bem diferente de ensino para crianças, e eu nunca fui professor de crianças. Logo, eu não posso ensinar sobre isso, pois não tive essas experiências.

Eu vou ensinar o que eu uso há mais de 10 anos em aulas de graduação, MBAs, certificação e cursos livres que eu tenho certeza de que funciona muito fortemente.

Então tudo o que você aprendeu na parte de palestra você deve aplicar nas suas aulas também.

Você precisa ter muito claro na sua cabeça, antes da aula, qual é a expectativa dos alunos e qual é o nível de maturidade e senioridade. Se você for dar aula para graduação, por exemplo, você vai dar aulas para alunos que nunca trabalharam, então você precisa aterrissar muitos exemplos concretos do dia a dia das empresas. Se você vai dar aulas em MBAs, as pessoas já fizeram graduação e geralmente já trabalham e possuem experiência. Logo, você pode subir o patamar das aulas. Se você vai fazer um *bootcamp*, talvez as pessoas nem tenham terminado o ensino médio, então o nível de experiência delas é outro. Não adianta você subir o nível da sua aula nesses casos porque senão as pessoas vão ficar voando. Já se você vai dar aula para certificação, é um conteúdo mais específico.

Então antes da sua aula você precisa pensar em qual vai ser o seu público. Eu já expliquei isso na parte de palestras também, isso é muito importante. Não adianta você pensar "ah, eu faço a mesma palestra/aula igual", você precisa ter clareza do público.

Agora, não precisa sair metralhando os seus alunos de conteúdo. Aí você pode pensar "ah, Muniz, mas nas aulas eu preciso cumprir a ementa". É verdade, mas eu vou dar uma dica quentíssima para você aplicar antes das suas aulas. **Supondo que a ementa tenha 100 coisas, dessas 100 coisas presentes na ementa, quais são as 10 ou 5 coisas que, se o aluno sair com isso na cabeça, vai fazer diferença na prática?** Eu já dei aulas na faculdade, e você tem muitas horas de aula em um semestre. Os alunos podem acabar esquecendo tudo. O que você aprendeu na sua faculdade? E na sua vida escolar? Desde a fórmula de Bhaskara até a tabela periódica? A grande sacada é que hoje em dia você não precisa lembrar de nada disso, porque o Google tem as respostas para você. É necessário ter uma revolução na educação, e por que não começar com as suas aulas?

Dando um exemplo real, eu moderei um painel executivo em 2022 envolvendo empresas em Belo Horizonte e São Paulo. Lá estavam executivos trocando experiências sobre os desafios para contratação de profissionais de tecnologia. Vários executivos no almoço trocavam ideias de como melhorar a contratação, achar os melhores talentos, manter os melhores profissionais etc. Por que eu estou falando disso? Porque lá na hora eu fiz uma certa pergunta: "me falem 5 elementos da tabela periódica". Apenas uma pessoa levantou a mão e tentou lembrar com dificuldade. Aí eu perguntei "Quantos elementos químicos existem dentro da tabela periódica?". Eu também não sabia as respostas para essas coisas, fui no Google buscar e descobri que eram 118 naquele momento.

No passado os nossos professores eram orientados a cobrar para que a gente decorasse aquela parada, metralhavam a gente de conteúdo e depois que tudo isso passava a gente não lembrava de nada. Você na sua aula precisa cumprir o conteúdo, mas dê ênfase àquilo que é mais importante. E lembre-se de que todo mundo tem o Google no celular. Inclusive na sua aula pode acontecer isso: se você está falando sobre alguma coisa e o aluno tem dúvida, ele pode pesquisar na hora a dúvida dele. Você não precisa ser mais o Google. Você como professor tradicional era o Google, o centro do universo, detinha todas as informações, mas não precisa mais.

Agora você precisa inspirar os alunos para eles irem além. Mudou o papel do professor. Então prepare cada aula com o principal conteúdo que é importante para os alunos, não para você, mas para os alunos fazerem a diferença nas empresas. Você pode cumprir as metas, mas dê ênfase ao que é mais prático.

2. Durante a aula

A primeira coisa importante que você deve fazer durante a aula é não passar a impressão de que você é o dono da verdade para os alunos ou tratá-los como inferiores. Você pode pensar: "ah, mas os alunos não me respeitam mais". É verdade que no passado os alunos tinham medo dos professores – não era nem respeito, mas sim medo de o professor reprovar o aluno. Hoje nós precisamos conquistar o respeito verdadeiro das pessoas, e sabe como você conquista isso? Tratando as pessoas de igual para igual.

Eu fui professor de graduação por muito tempo, e em dia de prova os alunos me respeitavam muito mais, iam até com a camiseta do Flamengo nas minhas aulas (já que eu torço para o Flamengo). Era muito engraçado, mas eu sempre separei as coisas. Não é porque o aluno era meu amigo, ou trabalhava comigo, ou ia com a camiseta do Flamengo, que eu ia favorecê-lo. Eu dizia que tomaria a prova de quem eu pegasse colando e daria um zero, e se eu não pegasse o "Papai do Céu" estaria vendo, e poderiam haver consequências. Eu tentava assustar os alunos, e hoje em dia eu penso "caramba, pra que eu fazia isso? Por que eu assustava as pessoas?". E eu usava esse argumento porque eu me sentia "desrespeitado" com a cola, entende? Eu já peguei alunos colando, e alguns certamente colaram e eu não peguei, mas o que eu quero falar é o seguinte: Você vai aplicar tudo o que você aprendeu na parte de palestra para cada aula ser um show!

Não vai mais ser aquela aula burocrática para simplesmente passar o conteúdo e dizer "fiz a minha parte". Eu quero que você seja reconhecido como um **professor 10x**, para você dar **aulas 10x**. Então não rebaixe os alunos para que você se destaque, nunca foi preciso fazer isso. Professores que fazem isso não são admirados, mas sim temidos. Só que hoje os alunos têm as opções na palma da mão; se eles estão assistindo a uma aula e não estão gostando, eles simplesmente vão para outra. Simples assim.

Para cada aula que você fizer, você precisa pensar em como os seus alunos aplicarão esse conteúdo na prática, como esse conteúdo vai fazer a diferença para eles na empresa e na vida deles. Essa é a sua obrigação como professor ou professora. E aí quando você faz isso, você "aterrissa" aquela teoria pesada no dia a dia, e as pessoas adoram. Quem não gosta de assistir um conteúdo que faça diferença real na sua vida? Todo mundo gosta dessa parada. Então você precisa fazer isso durante a aula.

Você já pensou sobre isso antes da aula, agora durante a aula você precisa praticar isso. Talvez nesse momento você esteja pensando "ah, Muniz, mas tem conteúdo que é muito teórico", mas para tudo tem um jeito. Sempre dá para fazer algo mais leve, e você precisa pensar nisso. É uma prática constante, e é por isso que você precisa praticar aqui também o que você aprendeu na Parte 2 do livro que falava sobre **roteiro magnético**. Usar analogias, *storytelling*, pesquisas, experiências pessoais, entende? Você vai fazer isso em suas aulas também. Você tem condição de aplicar essas coisas a cada aula, trazendo para o dia a dia das pessoas.

Você precisa se desafiar a explicar de maneira simples conceitos complexos. Isso é interessante porque, se você olhar para trás, os professores universitários davam aulas de terno e gravata. O professor era "o guru", aquela pessoa inalcançável, mas acabou essa parada. O professor não precisa mais usar palavras rebuscadas, porque isso só atrapalha o aprendizado do aluno. Talvez os professores tenham sido orientados a "falar bonito e usar palavras difíceis, blá blá...". Bobeira! A gente conquista o respeito das pessoas ajudando-as a gerar resultados. E se você ensina de maneira didática, com certeza você vai ser lembrado, porque vai ajudar as pessoas a gerar resultado. E eu estou falando isso nas minhas *lives*, nas minhas aulas e até em palestras com executivos, e eu uso termos simples. Simplifica para todo mundo, entende? Pense nisso. Não precisa usar palavras rebuscadas para as pessoas acharem que você é ultra inteligente, porque quem é realmente inteligente é aquele que simplifica a vida dos outros. Reflita sobre isso.

É claro que, se você realmente precisa de uma palavra mais complexa para explicar alguma coisa, você vai usar aquela palavra mesmo, mas, na dúvida, sempre pense em simplificar a vida do seu aluno na sua aula. Isso é muito importante. E, muitas vezes, você vai ver pessoas na faculdade que não tiveram uma formação tão forte com o português, ou que não vivenciam alguns termos. Então é sua obrigação simplificar o máximo possível, porque o objetivo não é você brilhar para as pessoas sendo o professor que usa palavras lindas e diferentes, porque não vai adiantar nada se as pessoas não entenderem. Você precisa simplificar, e é uma melhoria contínua.

Agora, é impossível agradar a todos. Eu já falei sobre isso no capítulo de *lives*. Não queira agradar a todo mundo da mesma maneira, pois isso é impossível. Olhando para trás, eu já passei por isso. Eu queria ser aquele professor reconhecido como o mais bem avaliado, e realmente queria fazer a diferença na vida de todo mundo, porém cada pessoa está em um momento diferente de vida e de carreira, e está com uma necessidade diferente.

Então, por exemplo, você pegou um conteúdo, trouxe exemplos práticos, disse como os alunos aplicariam no dia a dia. Mesmo assim vai ter gente reclamando coisas do tipo: "ah, aquele professor lá só fica contando histórias, fica só enrolando com exemplos do dia a dia dele...". Essa pessoa está acostumada com o quê? Ser metralhada de conteúdo, entende? Ou seja, essa pessoa acha que uma aula boa é quando o professor compartilha um montão de conteúdo, e aí obviamente você não vai agradar esse aluno. Vou dar algumas dicas no próximo capítulo de como eu fiz para tentar minimizar a insatisfação desse tipo de aluno que quer conteúdo o tempo inteiro e acha que quando você traz exemplos concretos você está fazendo ele perder tempo. Não queira agradar todo mundo, mas faça o seu melhor porque você vai fazer a diferença na vida de muitas pessoas.

3. Evolução para aula 10x

Neste capítulo eu vou ajudar você a evoluir fortemente para chegar no patamar de **aula 10x**. Sempre mantendo em mente que é um processo contínuo. Você deve conhecer professores jovens que fazem aulas incríveis. Imagine esse professor daqui a 5 anos? Ele vai estar melhor, se ele quiser melhorar. Talvez você conheça professores que tenham 30, 50 anos de aula, e talvez esse professor não seja tão bom quanto aquele jovem, por quê? Porque tem professor que vai continuar fazendo o arroz com feijão e aquilo que fazia há 30 anos. A grande sacada é que todos podemos melhorar. A sua aula pode ser incrível hoje, mas ela pode ser melhor amanhã. Então eu vou aqui neste capítulo mostrar como é que você pode acelerar a sua melhoria contínua.

Primeiro de tudo, você vai refletir sobre o que foi mais legal nas suas aulas, com o que os alunos ficaram muito empolgados e você percebeu que a expressão deles era uma "uau, que legal!". Eu vou dar algumas dicas do que eu faço. Se você estiver dando uma aula *on-line*, pergunte no *chat*: "pessoal, do conteúdo aqui, o que foi mais interessante para vocês?" ou "pessoal, sobre o método que eu estou usando, o que vocês mais gostam nele?". Eles com certeza vão responder. É muito importante você saber do que eles estão gostando. Mas vamos supor que você esteja dando aula para 100 pessoas. Tenha na cabeça que não vão ser as 100 pessoas que vão falar. Você vai pegar todas as opiniões que se repetiram de bom, e você também vai repetir. É muito importante você saber o que está dando certo. Muitas vezes, as universidades e escolas têm pesquisas para o aluno dizer o que foi bom e o que pode ser melhor. É legal que você busque isso. Se você sabe que os alunos avaliam a sua aula, busque essa informação para você saber e filtre muito bem o que tem sentido e o que não tem. Se você está dando aula para um grupo muito heterogêneo, ou seja, alunos que sabem muito de um assunto misturados com pessoas que sabem pouco do mesmo assunto, se você avançar muito, os alunos com pouca experiência vão achar que a aula está muito chata e eles não estão entendendo nada. Mas se você quiser nivelar para quem está começando, os alunos mais avançados vão ficar de saco cheio achando que a aula não está agregando em nada. Eu também falei muito disso na parte de palestras e vale a pena você aplicar a mesma coisa aqui.

Também é válido você pensar que se os alunos se desconectaram muito em uma aula *on-line*, ou em uma aula presencial os alunos começaram a olhar muito o celular, é porque a sua aula não está interessante. Você tem que perceber, e você percebe. A vantagem das aulas é que você vai ter vários encontros, e se é uma graduação você vai ter um semestre inteiro para entender como os seus alunos estão melhorando os seus resultados, e vai ouvir os alunos. Em uma palestra ou em uma *live* é mais difícil porque você está distante, mas nas aulas você pode perguntar: "pessoal, o que vocês entendem que poderia ser melhor na próxima aula?", "o que vocês acham que eu poderia explicar na próxima aula?", "quais são as suas principais dúvidas?". São todas ótimas opções para você melhorar as suas aulas com a ajuda dos alunos. Eles vão responder quais são as dúvidas deles, e você vai melhorar para a próxima turma, porque a dúvida do aluno é um conteúdo que você pode explicar na próxima aula da próxima turma antes de essa dúvida surgir, e aí você vai melhorar. Talvez se você deixou muito aberto o conteúdo e precisa fechar mais com exemplos concretos etc. Você vai ouvir dos alunos o que eles sugerem para melhorar. E aí aproveite as principais dúvidas dos alunos para melhorar o seu repertório. Pode ser que venha uma dúvida na qual você nunca pensou, e aí você precisa ser sincero e dizer que nunca viveu aquilo. Mas aí o que você faz? Você busca aquele tipo de conhecimento.

É muito importante que você como professor invista continuamente na sua melhora em relação ao conteúdo. É muito importante que você esteja constantemente se atualizando, seja em *lives*, em livros, conteúdos no YouTube, trocando experiências com pessoas do mercado, entende? É preferível que você trabalhe no tema que você dá aula. Eu sempre busquei isso na minha vida, sempre trabalhar em empresa e sempre dar aula com aquilo que eu trabalhava, pois isso facilita demais. Você enriquece as aulas. É lógico que existem situações em que, por exemplo, você nunca trabalhou em empresa, mas você é um especialista no tema, fez doutorado etc. Mesmo assim você ainda precisa conversar com pessoas do mercado, para você "aterrissar" o seu conteúdo, porque senão fica muito teórico, e as pessoas não gostam de conteúdo muito teórico. Reflita sobre isso. Uma **aula 10x** precisa ser a mais conectada com a prática possível, e aumentar o repertório é fundamental porque você melhora nas próximas aulas.

Eu, por exemplo, peguei esse conteúdo todo da minha cabeça para escrever este livro, de coisas que eu faço, coisas que eu fiz e coisas que pessoas que eu mentorei que tiveram resultados. Então eu montei o roteiro todo da minha cabeça. A cada turma nova que você pega, não precisa repetir igualzinho o seu conteúdo, você pode trazer elementos novos, e aí a sua aula vai ser interessante para você também. Eu digo isso porque a pior coisa que tem é o professor ficar repetindo as coisas de maneira robótica. Traga elementos novos para as suas aulas. Dúvidas de alunos ajudam a formar conteúdo para as próximas turmas. Reflita sobre isso.

Lembrando que nem mesmo os melhores professores agradam a todos, mas não desanime. Vou dar uma dica fundamental: **pegue *feedback* do resultado que os seus alunos tiveram com as suas aulas.** Eu faço isso, e é legal você ter esses *feedbacks*, porque vai ter dia em que você vai se achar o pior professor do mundo – basta apenas um *feedback* negativo e agressivo para destruir a sua autoestima. Cuidado com isso, a prevenção é ler os *feedbacks* positivos. De vez em quando eu falo sobre isso, eu faço *lives* no LinkedIn com frequência, faço *workshops* em empresas e também palestras. Sempre vem *feedback* positivo, mas de vez em quando vem alguns negativos também. O que não pode é um *feedback* negativo destruir a sua autoconfiança. Se você pensar "nossa, eu não nasci pra isso" por conta de um *feedback* negativo, você está ignorando todos os outros positivos. Reflita sobre isso.

Eu escrevi um livro chamado "Jornada Colaborativa" (2021), onde eu coloco a história dessa iniciativa que eu comecei, e lá tem uns *feedbacks* muito legais de pessoas que vivenciaram isso desde o início. Quando eu estou para baixo, o que é normal pois somos seres humanos, eu vou ler esse livro, na parte das pessoas comentando os resultados delas. O melhor *feedback* não é aquele que diz que você é um professor muito legal, divertido etc. Claro que isso também ajuda, mas quer ver algo que vai deixar você muito animado ou animada? É receber um *feedback* que diz que depois daquela aula que você deu a pessoa melhorou nisso, naquilo e em outra coisa. Ou que, depois da aula que você deu, a pessoa aplicou o conhecimento que você passou na empresa dela e foi promovida, assumiu um monte de coisa e assim vai. Isso é incrível.

Busque esse tipo de *feedback*. Se você é professor de graduação, pós-graduação, ou vai pegar mais de uma matéria, incentive os alunos. Quando eu ia para o shopping com a minha família, quase sempre os alunos que me reconheciam vinham falar comigo pessoalmente por terem sentido que eu os ajudei com alguma coisa. Antigamente eu dava aulas muito técnicas, sobre redes de computadores, sistemas operacionais, engenharia de software, e só depois migrei para a parte de gestão de projetos, ITIL, agilidade, *DevOps*, SRE, onde eu falo muito de carreira. Mas desde as aulas técnicas que eu dava na faculdade eu falava sobre carreira logo na primeira aula.

Então é interessante porque os alunos não lembravam das minhas aulas pela parte técnica, mas sim pela parte em que eu dava visão de carreira e de mundo para eles. Então pense nisso, a cada aula sua, é claro que você pode melhorar, mas não pense somente em você, pense também nos resultados que você pode entregar para os seus alunos, pois isso vai fazer diferença. E aí quando vier o resultado da pesquisa em que talvez alguns alunos tenham te detonado lá, você vai filtrar o que exatamente tem sentido e você aplica para melhorar. O que não tem sentido jogue no lixo, ignore. Você pode fazer isso. Não fique remoendo, "bola pra frente". Quando eu olho para trás, é lógico que eu reconheço que já vacilei muito. Eu já dei aulas que com certeza não foram as minhas melhores aulas, mas não adianta ficar remoendo, o importante é pensar no que se pode fazer para melhorar. Eu olho para frente e penso: "o que eu posso melhorar hoje?". Eu tenho certeza de que se você refletir sobre essas coisas também, você vai acabar mudando a sua vida, e principalmente a vida dos seus alunos.

4. *Case* real: *feedback* poderoso

Neste capítulo eu vou apresentar um *case* de um *feedback* poderoso que eu recebi de uma aluna, e vou falar também de um exemplo real de uma situação que eu entendi que poderia melhorar minha própria aula. Foi um caso recente que veio na minha cabeça, e apesar de não ter sido muito positivo para mim, eu consegui melhorar a minha aula. Então, com o *feedback* das suas aulas, você pode avaliar o que tem sentido e o que você joga no lixo. A decisão é sua, mas não fique remoendo.

O que que aconteceu então? Teve uma aluna minha que me deu um *feedback* em uma aula *on-line* da área de produto para POs, que são os donos do produto, e os PM, que são os gerentes do produto. Hoje em dia se fala muito em cultura de produto para aplicar na agilidade e para aplicar a cultura das *startups* nas empresas, então eu coordeno MBA e *bootcamp* desse assunto e também dou aula.

Uma aluna minha me mandou uma mensagem dizendo que ela tinha visto comentários de alunos que não gostaram da minha aula, e que ela tinha achado um absurdo porque os alunos não tinham entendido que o método que eu uso é o método de sala de aula invertida, ou seja, discutir exemplos reais do dia a dia, e diziam que eu estava enrolando. É claro que me doeu. Por mais que a gente queira crescer, palavras duras machucam, e então eu pensei: "bom, posso praticar o que eu ensino, olhar o *feedback* e tentar enxergar como eu posso melhorar nas próximas aulas e nas próximas turmas". E aí logo em seguida me veio o pensamento de que eu realmente não deixei tão claro o método de ensino para esses alunos. Essa aluna tinha me dito que conhecia o método de sala de aula invertida, mas que talvez os outros alunos não conhecessem e que eu poderia deixar isso mais claro na primeira aula. E então me deu o "click". "É isso!", eu pensei. Os alunos realmente não entenderam o meu método de ensino, e que eu não estava lá para ficar metralhando conteúdo neles, e que é o que eu estou ensinando aqui.

E agora, trazendo essa minha derrota, eu quero ensinar essa lição para você não errar: **esclareça as regras do jogo**. Nas próximas aulas eu vou dizer: "olha, pessoal, os nossos encontros ao vivo aqui não são para ficar trazendo um caminhão de conteúdo, porque isso está lá nas aulas gravadas, e eu espero que todos tenham assistido as aulas". Porque também tem isso: nas minhas aulas, eu quero subir o patamar **10x**, igual eu estou fazendo aqui no livro. E aí um aluno que não assistiu aula nenhuma antes do encontro ao vivo, que não leu apostila e não fez exercício prático, vai cair de paraquedas e achar que eu estou enrolando nas aulas. Por quê? Porque ele não seguiu o método. E aí eu vou falar: "olha, pessoal, aqui nesta aula ao vivo é pré-requisito que vocês tenham assistido as aulas gravadas, lido a apostila e feito as atividades, pois quem não fez isso vai ter dificuldade de acompanhar".

Ou seja, aquele aluno que não fez o que deveria fazer, se ele reclamar, eu não vou considerar. Entende como muda o jogo? Não é porque a aula está ruim, a culpa não é sua se os alunos não fizeram a parte deles. É claro que durante essas aulas ao vivo eu não ficava perguntando o que estava no vídeo, eu apenas citava, por exemplo, "olha, considerando o que eu ensinei lá, vamos trazer um exemplo real", e depois eu perguntava coisas como "alguém já passou por isso?", e a galera colocava no *chat*. Nas aulas do MBA usamos o Zoom ao vivo, então eu abria a câmera lá para as pessoas falarem, e mudou muito quando eu comecei a deixar claro o método.

Então cuidado para você não deixar de combinar o jogo. Se você vai utilizar um método, explique para os alunos o seu método. Mas também é claro que, mesmo você explicando, haverá alunos que não vão gostar mesmo assim, e aí você ignora, porque nesse caso em específico não tem jeito. Se o aluno não assistiu a aula gravada que deveria antes, não fez a atividade e não leu a apostila, ele está totalmente errado, entende? E aí como faz? Você não pode explicar tudo o que já foi explicado na videoaula por causa de meia dúzia de alunos, porque aí você será injusto com quem cumpriu o que deveria, que era assistir as aulas anteriormente.

Então o que eu quero dizer é o seguinte: nas suas aulas de graduação, MBA e aulas na sua empresa, você pode explicar o método e dizer que é importante, para que a aula ao vivo funcione bem, que os alunos leiam tal coisa. Na faculdade acontece muito isso. Eu costumo fazer também quando eu dou cursos corporativos. Eu faço *workshops* e formações em grandes empresas, pego o meu vídeo gravado e libero antes para os alunos. Ou, já que eu escrevo vários livros, às vezes eu negocio com a empresa para ela comprar os livros. Então eu explico: "olha, quem ler o capítulo tal do livro, ou assistir o primeiro módulo da aula gravada, vai ter uma performance melhor no *workshop*". Eu até explico que não é obrigatório, mas que quem seguir essas recomendações certamente se sairá melhor. Eu dei o recado. E lá no *workshop* eu remeto ao que está lá nas aulas gravadas. **Então a minha dica para você é essa: combine o jogo antes das aulas.**

A maioria dos alunos gostava das dinâmicas. Em algumas instituições há pesquisas depois das aulas, e eu tinha uma avaliação boa. Mas a avaliação não era 100% porque alguns alunos falavam mal da aula, e quando eu lia a reclamação de alguns eu percebia que não fazia sentido nenhum para o método que eu estava usando. A pessoa não tinha se preparado como deveria antes e aí chegava na aula viajando, como se tivesse caído de paraquedas. Então você precisa ter esse cuidado. *Feedback* bom é aquele que você analisa o que tem sentido para você e você melhora isso. O que não tem sentido para você, jogue no lixo. Nesse caso em específico, os próprios alunos não comentavam as sugestões de melhoria.

E agora, para fechar esse caso, o que você pode fazer quando recebe um *feedback* que não é tão favorável para você melhorar nas próximas? Reflita sobre isso e filtre o que faz sentido para você. Tem um livro que se chama "Mentes perigosas" (2018), feito por uma psiquiatra que é referência quando se trata de reconhecer atitudes de psicopatas, e quando se fala em psicopatas, algumas pessoas pensam que eles são apenas as pessoas que matam, mas não. Nesse livro, a autora Ana Beatriz Barbosa Silva cita pesquisas que mostram que em média de 4% a 6% de pessoas no mundo são psicopatas. E tem um capítulo neste livro em que ela cita psicopatas corporativos. São pessoas que estão nas empresas, mas só pensam nelas e manipulam as outras pessoas para conquistar os seus objetivos. O que eu quero dizer com isso? Quero dizer que existem alunos psicopatas que vão lá só para zoar a aula. Ele vai lá se achando melhor do que o professor e quer detonar. Acontece, e esse tipo de pessoa não tem jeito. Existem coisas que faltam no cérebro dos psicopatas, e uma dessas coisas é empatia. Então a pessoa não sente a dor do outro, pois a empatia é justamente sentir a dor do outro. Então essas pessoas podem cair de paraquedas nas suas aulas e vão estar lá para desafiar, falar mal, influenciar os outros. Então não se preocupe. O que você precisa fazer? O seu melhor. Você tem que ter a consciência tranquila de que você está fazendo o seu melhor, e que está fazendo o melhor para a maioria. A minoria você ignora. Infelizmente é assim, não tem jeito. É impossível agradar a todos, então pense muito nisso.

Eu estou aqui compartilhando uma derrota recente minha, e já aplicava um método que eu considerava muito bom, mas não agradou a todos. E eu melhorei o que eu conseguia. Agora, eu não fico pensando em agradar a todos, pois é impossível. Pratique isso que eu estou explicando com esse exemplo real, e eu tenho certeza de que as suas aulas vão se aproximar cada vez mais de uma **aula 10x**.

5. Conteúdo bônus e livros

Neste último capítulo da Parte 6 do livro, eu vou apresentar alguns conteúdos adicionais para você acelerar o seu 10x. Falando primeiro dos *podcasts*, você vai lá no Spotify e procura por Advisor10xCast, e lá você vai ouvir o Episódio 18: Pense com precisão. E aqui tem muito a ver com o que eu falei da minha derrota em relação a *feedback* negativo de aluno. O que eu quero falar é o seguinte: o seu pensamento gera ações positivas ou negativas. Então você precisa pensar: recebeu um *feedback* negativo? Extraia dali o que você pode melhorar e ignore o que não faz sentido. Por quê? Porque se você ficar remoendo e pensando "ai, eu sou um professor ruim", "ai, ninguém gostou da minha aula", "ai, ai, ai...", você vai acabar dando uma aula pior, porque você vai ficar inseguro. Você tem que pensar: "nossa, a maioria dos alunos gostou da minha aula", "a maioria melhorou os seus resultados por causa da minha aula, pô, que legal, eu estou no caminho certo", "ah, tem uma meia dúzia que não gostou. O que eu posso melhorar para em uma próxima eu fazer a diferença para mais pessoas?".

Existem estudos da neurociência que comprovam que se a gente pensa negativamente, a gente age negativamente. Se a gente só pensa em coisas negativas, a nossa reação vai ser negativa, então você precisa ter um pensamento com precisão, e lá eu explico um pouco mais disso. É um episódio de quase uma hora que eu coloco passo a passo de como você melhora os seus pensamentos. Quando você chega para dar uma aula, você tem que chegar com um pensamento positivo, de que você vai fazer a diferença na vida dos alunos e pensar que você é o protagonista na vida daquelas pessoas. Tem que pensar assim. Você vai arrebentar. Se você não se preparou bem, você começa a pensar "hum, minha aula não é boa", e aí não vai ser boa mesmo, e então você vai precisar se preparar antes para poder chegar com um pensamento bom.

Outro episódio legal ainda no *podcast* da Advisor10x é o Episódio 17: Personalidade agradável, que é uma hora também de conteúdo, lá no Spotify, e, como o título fala, eu apresento como você pode desenvolver uma personalidade agradável. Você vai aplicar em tudo na sua vida. Imagine: você tem duas pessoas na sua vida, sendo uma delas muito agradável, cordial, otimista e que te coloca para cima. E você tem um outro amigo "reclamão". Com quem você quer estar? Com o "reclamão" ou com aquela pessoa que te coloca para cima? Você decide se você vai ser aquela pessoa agradável ou aquela pessoa pessimista, "reclamona" e que fala mal de todo mundo. A decisão é sua.

É lógico que em uma empresa, ou na sua família, você vai ter que se relacionar com algumas pessoas "reclamonas" e tóxicas, mas não seja essa pessoa. Aprenda o que não fazer com essas pessoas. Tem coisas que não estão no nosso controle. O aluno gostar ou não da sua aula, por mais que você faça o seu melhor, não está no seu controle. Mas está no seu controle ser um professor incrível que se prepara para dar uma aula incrível. Também está no seu controle você ser uma pessoa que não precisa humilhar os outros para crescer. Tem professor que faz isso, né? Eu sou bom, fiz um monte de curso, vim de Harvard etc. Do que adianta ser de Harvard se você não ajuda as pessoas a gerar resultados com o seu conteúdo? Não adianta nada.

Seja essa pessoa agradável, que levanta as outras pessoas, que não fica de frescura nas aulas e reprova o aluno só para mostrar poder. Não seja essa pessoa. Seja uma pessoa agradável, e você vai marcar isso nas pessoas. Esse episódio pode mudar a sua vida, acredite em mim. Porque tem gente que é desagradável e não percebe. Você consegue iniciar movimentos voluntários ou coisas na sua empresa mesmo que você não seja o chefe? Você consegue atrair pessoas ao seu redor? Se a resposta for não, talvez você não esteja sendo essa pessoa agradável. Porque é assim, nós escolhemos as nossas companhias em um montão de situação. Se você não consegue atrair as pessoas, talvez a culpa não seja das pessoas, seja sua e você não está percebendo. Um professor agradável chama pessoas ao seu redor. Isso pode ajudar em tudo: em *lives*, eventos, *workshops*, palestras, aulas, no trabalho, e talvez, quem sabe, na sua família também. Esse episódio ajuda a refletir sobre isso, e a você melhorar. O que passou, passou, olha daqui para frente, porque o que passou você não consegue mudar, mas o seu futuro você consegue sim. Ouça este episódio com muita atenção.

Agora falando de livros, eu quero indicar "Apresentações Convincentes" (2018), de Nancy Duarte. E quando nós falamos sobre aulas, nós precisamos fazer *slides*, preparar conteúdo, fazer apostilas etc. Esse livro vai ajudar se você quiser mergulhar mais profundamente nisso. A autora fala bastante sobre como fazer *slides* legais, atraentes e elegantes. É claro que esse livro vai ajudar também em palestras e em qualquer outra coisa, mas especificamente para aulas, como um conteúdo mais denso, eu sugiro que você leia o livro.

O próximo livro é "A prática" (2021) de Seth Godin, que tem uns livros muito interessantes. Aliás, eu tenho mais de 10 livros do Seth Godin, é um autor que eu gosto muito. Ele é especialista em marketing, mas traz outros *insights* muito legais além do marketing, e esse livro, "A prática", destaca a importância de você se comprometer a entregar ao mundo os seus melhores trabalhos. Para você se transformar em um professor melhor, e dar aulas melhores, você precisa investir também no seu repertório, e eu sugiro que você leia esse livro.

PARTE 7. MÉTODO PARA *WORKSHOP* 10X

Nesta parte do livro eu vou ensinar a criar um *workshop* incrível. Qual é a grande diferença entre *workshop* e aula? É que no *workshop* você vai juntar pessoas com experiências complementares para potencializar a inteligência coletiva. O que isso significa? Significa que você vai colocar as pessoas para trabalhar! Ou seja, você aqui não é mais um professor apenas, você tem um papel de facilitador, e o papel do facilitador envolve destravar a criatividade das pessoas e colocá-las para trabalhar. Isso você vai fazer muito em empresas, e eu tenho certeza de que eu vou compartilhar informações muito interessantes para você conseguir fazer um *workshop* melhor.

No Capítulo 1 eu vou mostrar o que você precisa fazer antes de cada *workshop*.

No Capítulo 2 eu vou mostrar o que você deve fazer durante os seus *workshops*.

No Capítulo 3 eu vou mostrar os passos avançados para você chegar no patamar de ***workshop* 10x**.

No Capítulo 4 eu vou mostrar um *case* real de um *workshop* estratégico.

No Capítulo 5, como sempre, vou sugerir a você que consuma alguns conteúdos bônus e também livros que podem ajudar bastante.

1. Antes do *workshop*

O que você vai fazer antes do *workshop*? Você vai ter que relembrar tudo o que aprendeu no método de palestra e aula, mas também conectar o que você aprendeu na parte do roteiro magnético. Ainda assim, não é o suficiente para o *workshop*, por quê? Porque aqui você vai precisar colocar as pessoas para trabalhar. Se for um *workshop* presencial, você vai dividir as pessoas em grupos e dar tempo para elas trabalharem. Se for *on-line*, você vai precisar dividir as pessoas em salas. O Zoom, por exemplo, permite a divisão das pessoas em salas. E você também vai precisar colocar facilitadores em cada sala. Tem todo um trabalho diferenciado no *workshop*, e você vai estimular as pessoas a gerar resultados, então tem uma diferença grande em relação a uma aula ou palestra.

É claro que se for um *workshop* para o seu time você vai ter uma abordagem e se for um *workshop* gerencial a abordagem vai ser diferente. Principalmente se for um *workshop* executivo, você precisa ter uma visão mais estratégica. Então você precisa planejar o tempo e o conteúdo para que o tempo não estoure e as pessoas não consigam concluir o que foi programado para elas. É muito importante isso. No *workshop*, por mais que você tenha tudo "milimetricamente planejado", você precisa ter aquela mentalidade adaptativa. Tem horas que no *workshop* você precisa dar um tempinho a mais, assim como tem horas em que você vai ter que ser firme no tempo estipulado, então eu sugiro que você não fique limitado ao que funcionou em uma empresa, porque pode não funcionar em outra. Você tem que ter essa habilidade.

Então é muito, mas muito importante que você prepare as ferramentas que você vai usar. Se for *on-line*, por exemplo, você precisa definir se você vai utilizar o Zoom, o Miro, o Hangout etc.

Vou contar uma derrota recente minha. Eu participei de um projeto interessante com a minha empresa Advisor10x em uma multinacional, para a qual eu tinha vendido um contrato que envolvia consultoria, mentoria e *workshop*. E a minha equipe estava planejando envolver todas as equipes no *workshop*, então a gente dividiu as pessoas em salas, definimos as atividades, e um dia antes o Zoom da nossa empresa não estava habilitando a opção de dividir as pessoas em salas. Eu fiquei com um frio na barriga enorme, lembro que era de noite e eu estava fechando os últimos ajustes; como eu estava acostumado a usar o Zoom de uma faculdade, era muito fácil porque já tinha tudo ajustado etc.

Aí nessas horas começa a vir a "neura" e a gente começa a pensar milhares de coisas como: "será que é porque o nosso contrato não permite?", "será que isso, será que aquilo", e eu fiquei tenso, pensando e pensando, até que eu decidi ir ao Google e pesquisei "como habilitar salas no Zoom". Eu mesmo descobri na hora, e era uma configuração nas ferramentas de perfil que precisava ser habilitada. Não vinha habilitada por padrão, entende? Não precisava pagar mais nada, era só habilitar. E eu já estava pensando que eu precisava pedir o Zoom de outras pessoas, todo ansioso com frio na barriga.

Por que eu estou falando isso? Para você imaginar o que aconteceria se eu chegasse na hora do *workshop* e dissesse: "gente, vamos dividir agora as salas", e na hora eu não achasse essa opção... Era um *workshop* estratégico com executivos, gerentes e times. Mais de 50 pessoas presentes no *workshop*. Quanto mais pessoas no *workshop*, mais complexo é você administrar. Imagine se eu simplesmente falasse: "poxa, gente, não está funcionando" na hora do *workshop*, como seria essa cena. Eu não teria tempo de ficar buscando no Google e iria acabar pagando o maior mico. Eu não quero que isso aconteça com você.

Ainda bem que eu tive essa sacada de simular a divisão de salas antes do *workshop*, porque na hora não iria funcionar. A minha equipe também ficou tensa demais, e nós tentamos, tentamos até que descobrimos. Se você for utilizar *boards* no Miro, por exemplo, você precisa saber exatamente quais vão ser os *boards* que você vai usar e tem que planejar muito como as atividades vão ser feitas antes do *workshop* e como você vai usar as ferramentas. Tem que definir também se for um *workshop* presencial: como você vai fazer para dividir o time, se você vai deixar eles se dividirem, se você vai dividir por departamento, por *squad*, por especialidade etc. Tudo isso você precisa planejar antes, o que requer um trabalho muito forte quando é o primeiro *workshop*. Depois para você replicar é fácil, mas o primeiro vai dar um trabalhão.

Tudo é aprendizado. Teste tudo antes, porque se você chegar na hora e você não tiver segurança de como funciona a ferramenta, e não souber se consegue fazer funcionar, você vai ficar tenso. Outra coisa importante que você precisa pensar fortemente no *workshop on-line* é se as pessoas sabem utilizar a ferramenta. Talvez para você seja fácil dividir as pessoas em salas e deixá-las fazerem a atividade, mas tem pessoas que nunca entraram em sala de Zoom, então você tem que explicar exatamente como vai ser feita a divisão e como as pessoas podem entrar na sala, ou se elas vão entrar automaticamente aleatoriamente, ou, até, se vocês vão colocar as pessoas lá. Às vezes as pessoas podem cair com a conexão, e quando elas voltarem talvez elas não consigam retornar para as salas, e aí vai depender de você direcionar para a sala correta. Como você faz isso? Você se prepara.

Vamos supor que você vá utilizar o Miro. Você tem que apresentar a ferramenta e mostrar como as pessoas devem utilizá-la, porque pode haver pessoas que realmente nunca acessaram a ferramenta. Então você explica: "olha, pessoal, o Miro é uma ferramenta que serve para isso e isso, ela substitui o *post-it* físico, é uma ferramenta muito legal, dá pra fazer muita coisa. Já criamos o *board*, é só vocês clicarem neste *link* que já vai estar tudo pronto, vocês só precisam colocar os *post-its*...". Aí uma pessoa pode falar "mas eu nunca coloquei *post-its*, como eu faço para criar um?", e você vai ter que ensinar. Isso serve para qualquer ferramenta, não somente o Zoom ou o Miro.

Eu participei recentemente de uma sessão de planejamento para entregas usando práticas ágeis (*planning*), porque eu fui ajudar um amigo de uma grande empresa, e aí eu senti que as pessoas não sabiam usar a ferramenta. Aí eu falei: "olha, será que não é melhor se você demonstrar para as pessoas como elas podem usar essa ferramenta?". Aí a pessoa foi lá e explicou como é que a ferramenta funcionava devidamente. Então cuidado, porque você ou alguém da sua equipe precisa conhecer muito a ferramenta que vocês vão usar, porque as pessoas vão ter dúvidas. Depois pode se tornar mais fácil, mas no início requer essa preparação.

E é claro que você, como facilitador do *workshop*, precisa deixar claro o objetivo do *workshop* e dizer que o esperado é tal resultado. Igual eu ensinei lá na parte de palestras, você precisa começar de trás para frente. Qual o resultado que nós desejamos nesse *workshop*? É melhoria de processos? Criar um novo produto? Descobrir uma nova estratégia? Você tem que deixar claro. E todas as atividades que serão realizadas precisam ter como objetivo construir isso. A cada atividade estamos evoluindo para construir um resultado final. O *workshop* pode ser de um dia, dois dias, vai variar.

Eu fiz um *workshop* estratégico recentemente de executivos, onde tinha até presidente de empresa, que era para durar dois dias, mas acabou virando um dia e meio porque houve uma adaptação do nosso plano. É importante avaliar se é uma situação complexa, como algo que nunca foi feito antes (por exemplo, se for para descobrir um novo produto), e entender que talvez você não tenha todos os elementos antes para planejar e vai ter que decidir na hora com as pessoas responsáveis pelo *workshop* ou com a pessoa que te contratou, se você foi contratado por uma empresa. Então essas são as coisas para as quais você precisa atentar antes do *workshop*.

2. Durante o *workshop*

Neste capítulo eu vou apresentar algumas informações relevantes e um método de atividade para você fazer durante o *workshop*. Você já se preparou, está seguro de que você fez o seu dever de casa, e agora vai começar o *workshop*. O que você precisa fazer agora?

A primeira coisa a se fazer é manter na cabeça que não se deve passar a impressão de que você é o dono da verdade para os participantes do *workshop*, nem trate as pessoas como inferiores. Notou a semelhança com o Capítulo 2 da parte de aula? Assim como nas *lives*, nas palestras e nas aulas, você tem que chegar no *workshop* de boa e tranquilo. Lembrando que você vai aplicar aqui tudo o que eu ensinei na parte de palestra e na parte de aula. Vai chegar seguro, confiante, cordial, receptivo, animado e vai inspirar as pessoas a participar do *workshop*, entende?

Tem que ser uma coisa boa para todo mundo e principalmente para os participantes, porque eles têm que gostar de estar lá. Tem horas que pode ser desafiador porque as pessoas podem estar tensas, a cultura da empresa pode não ser a melhor das culturas para inovação e colaboração, mas você é o facilitador. Você dá o tom e pode ser esse instrumento que as pessoas vão admirar no *workshop* e falar "uau, que pessoa incrível, conseguiu ajudar a melhorar esse dia, as pessoas gostaram, o dia passou rápido". Esse é o seu objetivo.

Em um *workshop* você precisa balancear entre atividade prática e orientação, então você tem que apresentar o conteúdo principal de uma maneira legal, cativante, como se fosse uma palestra, apesar de não ser uma. Tem o conteúdo e tem a "mão na massa", as pessoas vão trabalhar no *workshop*. O que é importante para você ficar super atento? Se você fez o seu dever de casa, **você tem que acompanhar qual é o perfil das pessoas.** É um perfil mais executivo, gerencial ou técnico? O pessoal mais técnico quer meter a "mão na massa", então se você faz um *workshop* para desenvolvedores de software, eles vão querer desenvolver software e não ficar em um monte de reunião. Eles querem executar a parada.

Você pode utilizar o que você está aprendendo aqui em uma *planning* também, por que não? Você só precisa pensar o seguinte: **qual o conteúdo que tem que ser compartilhado antes?** Precisa ter uma visão do que vai ser feito, nivelar o conhecimento das pessoas e orientar como vai ser o processo desde o início.

Outra coisa importante é você incentivar a interação das pessoas. Quando o *workshop* for presencial e você der a opção de as pessoas escreverem *post-its* e colarem nas paredes, elas vão se sentir mais confortáveis do que falar. Quando é *on-line* no Miro, por exemplo, as pessoas anonimamente colocam ideias, e isso é bacana. Agora, é legal também que você estimule as pessoas a comentar algumas informações relevantes que detalhem um pouco mais o que elas colocaram no *post-it*, e você precisa ter um cuidado muito maior com as pessoas mais introvertidas. Por quê? Porque faz parte do perfil de algumas pessoas serem mais reservadas. A ciência mostra que pessoas introvertidas são diferentes de pessoas tímidas. Pessoas introvertidas são aquelas que gostam de refletir mais antes de falar, que não gostam de se expor para todo mundo, mas são incríveis para o *workshop*. Se você criar um ambiente seguro, elas vão contribuir muito.

Inclusive, tem um livro muito legal chamado "O poder dos quietos" (2019), da Susan Cain. Ela é uma advogada muito introvertida e tem até um TED Talk muito legal. Ela levava livros para os encontros de jovens e ficava "na dela", reservada. Susan destaca que em média 30% das pessoas são introvertidas, e essas pessoas mudam o mundo. Você precisa de pessoas introvertidas na sua equipe, porque as pessoas que falam muito às vezes têm dificuldade de ouvir. O introvertido ouve bem e percebe as coisas. E aí esse livro vai ser bom também pra você aumentar o seu repertório como facilitador de *workshop*, ou como líder, por quê? Porque às vezes a gente quer colocar todo mundo para atuar de maneira igual, tipo "todo mundo tem que ir lá na frente falar". Mas será que o introvertido vai ter esse interesse de ir lá? O introvertido gasta muita energia quando ele tem que falar em público, e gosta de ficar mais na dele. Agora, se ele estiver em um ambiente seguro em que ele vai ser respeitado do jeito dele, ele vai acabar contribuindo mais. Então pequenos grupos no *workshop* ajudam você a dar voz para quem é mais introvertido e a pessoa escreve, ou digita lá no Miro, porque ela vai se sentir mais segura. Isso é muito importante.

Eu convivo com muitas pessoas que também são da agilidade, e eu adoro a agilidade e as minhas amizades de lá, mas tem uma parada ruim na agilidade que é justamente as pessoas acharem que todo mundo precisa ser extrovertido, inclusive em eventos, e tem que pular, causar, abraçar o coleguinha, e não é assim. Quem é introvertido quer ficar na dele e tudo bem, temos que respeitar. Às vezes as pessoas pensam: "ah, na *daily* todo mundo tem que falar, é uma reunião diária" – mas será mesmo que isso é verdade? Se uma pessoa introvertida não estiver bem naquele dia, ela simplesmente não fala e tudo bem.

O que eu quero dizer é que no *workshop* você tem uma oportunidade incrível de dar voz a todos. É inteligência coletiva, e quando você faz vários grupos as pessoas ficam mais à vontade. Uma pessoa introvertida se dispor a falar em um grupo de 50 pessoas é muito mais difícil porque ela precisa gastar muito mais energia, e ela se sente um pouco pressionada, seja presencialmente ou *on-line*. Agora, em um grupo de 5 pessoas, esse introvertido vai se sentir mais seguro porque é um grupo menor.

Se você reparar, os introvertidos conversam muito bem com as pessoas. A minha filha é muito introvertida, mas quando ela fala de alguma coisa sobre a qual ela tem confiança e que ela gosta, ela vira uma tagarela. Agora se chega uma pessoa nova, que ela não conhece, ela se retrai. Aqui em casa, quando a gente recebe visitas, tem hora que ela vai lá para o quarto dela e fica quietinha, porque ela não quer se expor. Isso acontece nas empresas, cuidado com isso. *Workshop* bom é aquele *workshop* onde você trata as pessoas como elas querem ser tratadas. E o introvertido quer ficar na dele às vezes, então não é bom forçar a barra. O livro "O poder dos quietos" (2019) pode ajudar bastante com isso.

Outra coisa importante é que você, como facilitador do *workshop*, precisa cuidar do tempo, mas tenha flexibilidade. Não seja aquela pessoa que dá um ultimato como "olha, pessoal, só mais 20 minutos, se der o tempo acabou". Se porventura algum grupo não tiver criado nada, eles vão se sentir envergonhados, então você precisa ter uma margem de segurança. Dê 20 minutos sabendo que pode chegar a 25 minutos, por exemplo.

Mas agora eu vou mostrar outra sacada genial. **Durante o *workshop*, eleja um facilitador nos grupos, ou uma pessoa que vai liderar em cada grupo.** Dependendo do *workshop*, você pode orientar as pessoas antes mesmo do *workshop* e explicar que para cada grupo é necessário ter um líder que pode cuidar do tempo, mobilizar as pessoas e garantir que o objetivo seja cumprido. E você também pode fazer a sua parte: se for um *workshop* de 20 minutos, quando chegar em 10 minutos você visita todos os grupos, tanto presencialmente quanto *on-line*, e se você viu que um grupo ainda não fez nada porque eles estão dispersos, você ajuda. Não espere dar os 20 minutos para ver o resultado, entende? Você precisa fazer isso, ou ter alguém na sua equipe que faça isso, porque se você deixar para o final vai dar ruim.

Agora, se você viu que tem um grupo que está com uma discussão muito boa, rica, chegou nos 20 minutos e eles ainda não terminaram, mas eles estão numa discussão boa, você diz que eles têm mais 5 minutos, e não mais que isso para não atrasar os outros grupos que já terminaram. Cuidado com essa questão. Eu já vi vários *workshops*, e inclusive já participei de muitos *workshops* para melhorar muitas coisas e aprender coisas novas, e eu via as pessoas todas preocupadas com o tempo, tendo discussões muito boas, mas não davam nem mais dois minutos para terminar a linha de raciocínio. Quem estava apresentando o *workshop* era muito rígido. Cuidado, não seja rígido assim, mas também não seja muito solto, porque você tem que pensar no resultado. Tem que balancear.

3. Evolução para *workshop* 10x

Neste capítulo eu vou ajudar você a chegar no patamar de ***workshop* 10x**, e aqui são ações mais avançadas. O que você vai fazer? Você vai pensar em tudo o que deu certo nos *workshops* que você fez, seja em *feedbacks*, ou se você percebeu que algo deu muito certo no próprio *workshop* – lembrando que nem tudo que deu certo em um *workshop*, numa turma ou numa empresa, vai necessariamente funcionar em outro lugar e com outras pessoas (você tem que ficar muito atento sobre isso). O que foi muito bom? Quando você sentiu que tudo estava em *flow* e que a equipe estava arrebentando? Repita isso.

Também não deixe de levar em consideração o que não foi bom. Por exemplo, o tempo que você passou para as atividades foi muito ou pouco? As pessoas ficaram entediadas? Opa, ajuste para a próxima vez então. É melhoria contínua. O **10x** nunca acontece de primeira. O **10x** é para você se posicionar como uma pessoa que não aceita menos do que o melhor. Mas não é simplesmente estalando os dedos que você chega em 10x. É um passo a passo. E não há melhor maneira de melhorar do que identificar o que foi bom para manter e o que não foi bom para melhorar.

Aproveite as principais dúvidas e dificuldades para melhorar o seu repertório para as próximas vezes que você for fazer. Se teve muita dúvida e as pessoas demoraram muito para começar, na próxima você pode dar mais tempo para a primeira atividade, por exemplo, para as pessoas se habituarem, e também pode visitar todos os grupos. Pergunte às pessoas se elas conhecem a ferramenta e, se possível, distribua essas pessoas para cada grupo para que elas possam ajudar as outras pessoas a fazer as atividades. Nesse caso, o líder dessa atividade pode não ser o líder das outras, já que ele está sendo o líder daquela atividade porque ele sabe utilizar a ferramenta. Coloque alguém que tenha habilidade não só na fala, mas *hard skill* na ferramenta também. Então, a sugestão é aumentar o tempo na primeira atividade e reduzir nas outras. Geralmente funciona bem.

Agora eu vou repetir algo que eu já disse nas aulas. Nem todos vão gostar do seu jeito. Talvez você seja mais descontraído, ou talvez você possa ser mais introvertido, e tudo bem. Não pense em agradar todo mundo. Você precisa se agradar primeiro e ter orgulho do seu trabalho, assim como os resultados que você está gerando. E a melhor maneira de você entender como você pode melhorar é pensar nos resultados que você está ajudando a gerar no *workshop*. Então não queira agradar a todos, mas queira melhorar continuamente, pois isso muda o jogo.

Eu fiz um *workshop* executivo onde eu me cobrei muito no final do primeiro dia, porque eu achei que não foi como eu queria. Eu estava me cobrando muito e tive uma noite péssima. Tinha sido um *workshop* presencial, para executivos, e eu me cobrei muito, mas muito. Eu achei que eu tinha sido um péssimo facilitador, entende? Por quê? Porque o resultado não foi aquele que eu esperava. No dia seguinte as pessoas não estavam me cobrando isso, porque elas entenderam que o assunto era tão complexo que não havia um consenso do que elas queriam. Elas tinham uma visão antes, e, ao longo do *workshop*, eu coloquei alguns elementos que fizeram elas repensarem um monte de coisa.

Quando alguém é presidente de uma empresa, ou executivo, geralmente esta pessoa é muito qualificada, sabe de muita coisa, geralmente não tem ninguém bobinho lá. E aí eu fiquei pensando que eu tinha que entregar mais do que foi entregue, mas eu estava me cobrando uma coisa sobre a qual eu não era o especialista, e sim eles. Os executivos tinham uma visão estratégica que não era tão simples de se alcançar, entende? Eles repactuaram o objetivo do *workshop* durante o *workshop*, e eu fiquei me cobrando como se eu tivesse falhado e achei que eles não tivessem gostado. No dia seguinte, percebi que eles estavam de boa e confortáveis em repactuar o objetivo principal. Isso é importante. Você precisa pensar como você precisa se adaptar. Você pode ter feito um plano, mas não adianta você forçar esse plano. Reflita sobre isso.

4. *Case* real: *workshop* estratégico

Neste capítulo eu vou mostrar um *case* real de quando eu fui contratado por uma empresa para fazer um *workshop* estratégico. Eu vou compartilhar algumas técnicas que eu apliquei e algumas coisas que não deram muito certo e a gente adaptou de acordo com a necessidade daquela empresa.

Quando a gente fala de *workshop*, a gente precisa pensar sempre em construir algo concreto. Essa empresa me contratou para eu ser o facilitador de um *workshop* estratégico aplicando principalmente o *design thinking*. Interessante que nesse *workshop* a gente tinha pessoas de todas as áreas da empresa, todos os diretores e presidentes, para construir um novo formato de trabalho para parcerias. Eu conversei bastante com a pessoa que me contratou, entendi o objetivo, alinhamos fortemente antes do *workshop* qual era o resultado esperado, conversei com a presidente e bolei o meu método de *design thinking*.

Porém, nem tudo o que a gente planeja acontece na prática, e esse foi um dos casos, principalmente porque o assunto era muito complexo. Então, embora eu tenha feito esse alinhamento que eu mencionei com o executivo que me contratou e com a CEO da empresa, na hora do "vamos ver" algumas coisas aconteceram diferente.

Uma coisa boa foi que a participação foi muito intensa. Trouxemos problemas que não estavam mapeados. Imaginamos que fôssemos seguir por um caminho e lá durante o *workshop* tivemos que mudar. E aí é interessante que esse *workshop* foi uma situação que me desafiou, mesmo a gente tendo "pivotado"[3]. Eu fiquei me cobrando muito porque achei que poderia ter feito melhor o *workshop*, e eu já comentei isso antes, mas o que eu quero dizer é o seguinte: mesmo não saindo aquilo que eu esperava, que era ter o resultado na hora, lá no final dos dois dias nós geramos para essa em-

---

3 'Pivotado' é uma expressão usada em *startups*, quando você vê que está seguindo por um caminho e de repente tem que mudar de direção.

presa conteúdo para trabalhar durante muito tempo em melhorias, mediante várias coisas que apareceram.

Ou seja, o objetivo era um, mas vimos situações que poderiam melhorar muito em outros setores da empresa. Então, atenção para isso. Quando você facilita um *workshop*, por mais que você tenha planejado e pensado em tudo, na hora do "vamos ver" aparecem coisas que não estavam previstas e muitas vezes é melhor parar o planejado e adaptar.

Um exemplo: imagine que você está fazendo um *workshop* para melhorias de processo e lá na hora aparece uma situação onde você pensa: "olha, não adianta a gente pensar em melhorar esse processo sem antes dar um treinamento para as pessoas sobre a situação atual, porque elas desconhecem. Então, na verdade, o problema não é mudar o processo, é capacitar as pessoas". Recentemente, em um contrato que eu peguei com a minha empresa Advisor10x, aconteceu isso. A gente fez um *workshop* em uma outra empresa com conteúdo, com muita discussão, SWOT[4], e vieram problemas que não eram problemas em si, mas falta de comunicação, entende? As pessoas desconheciam como funcionava o processo e falavam que não tinha, mas tinha sim o processo.

Então quando você for fazer um *workshop*, esteja preparado para isso, este é um *case* real que eu passei. É claro que você precisa ir direto ao ponto se você faz um *workshop* estratégico e é uma questão um pouco mais objetiva que precisa balancear a participação das pessoas. É mais desafiador do que fazer um *workshop* com pessoas com as quais você já está acostumado, com especialistas com quem você trabalha no dia a dia, porque você pode aprofundar tecnicamente as paradas. Já em um *workshop* estratégico você precisa dar uma visão mais estratégica sendo mais objetivo e pragmático. Reflita um pouco sobre isso.

---

4 Pontos fracos, pontos fortes, oportunidades e ameaças.

5. Conteúdo bônus e livros

A primeira indicação é para você acessar o *podcast* Advisor10xCast no Spotify e ouvir o episódio 13: Explore a sua imaginação. Por que é importante você desenvolver a sua criatividade e imaginação? Porque, em um workshop, você vai precisar, por exemplo, pegar sugestões das pessoas e consolidar. "Aterrissar" ideias que estão soltas às vezes em uma sessão de *brainstorm*. Então é muito importante que você pratique bastante essa habilidade de imaginar o que as pessoas estão falando e traduzir de um jeito mais simples de entender. Esse primeiro episódio vai ajudar você a desenvolver a sua criatividade.

O segundo episódio do mesmo *podcast* Advisor10xCast que eu quero sugerir para você ouvir é o Episódio 16: Entregue mais do que o exigido, que é um episódio que, se você ouvir com atenção, vai ajudar em tudo na sua vida. Então imagine que o objetivo de um *workshop* é resolver um problema, mas você pode trazer um conteúdo adicional que gere *insights* para as pessoas pensarem além do que elas estavam imaginando. Claro que você vai cuidar para entregar aquele objetivo, mas por que não superar as expectativas, você como um facilitador? O que as pessoas esperam de um facilitador? Elas esperam que seja aquela pessoa que vai ficar mediando as atividades, cobrando tempo e resultado, mas imagine se você cria um conteúdo antes de começar o *workshop*, aplicando as técnicas de roteiro magnético e de palestras, e você fornece um material para as pessoas poderem embasar melhor o trabalho delas? Entende? Isso é entregar mais do que o esperado.

No *workshop* as pessoas estão esperando que você extraia as coisas delas, mas e se você ajudá-las trazendo um caminho de pesquisas recentes sobre aquele tema? Ou *cases* de outras empresas que adotaram aquele caminho do *workshop* etc. Pense nisso. Vale para tudo na vida. Se você entregar mais do que as pessoas esperam, você vai se colocar como alguém diferenciado, e o objetivo aqui é você ser um **comunicador 10x**, e um **comunicador 10x** tem que pensar em entregar mais do que o esperado.

Agora sobre os livros que você vai mergulhar se você quiser se aprofundar mais nesse conteúdo. Primeiro é a "Jornada da Facilitação" (2022), da editora Brasport, e eu tenho muito orgulho deste livro. Se você ainda não conhece, a Jornada Colaborativa é um movimento que eu iniciei e que já lançou mais de 20 livros. Nós pegamos toda a receita desses livros e doamos para instituições carentes. Enquanto eu escrevo este livro, nós já doamos mais de R$ 482.000 para várias instituições. Nós lançamos livros em vários eventos, já lançamos livro com a Globo, com as Lojas Renner, com o Banco Pan, por exemplo, e em outros 20 eventos nossos. Então este livro "Jornada da Facilitação" representa verdadeiramente o que a gente busca em um *workshop*, que é bater num liquidificador a inteligência coletiva das pessoas. Mais de 50 pessoas participaram do livro colocando as suas experiências como facilitadores, professores, palestrantes, e é muito legal. Lá também tem técnicas, ferramentas e práticas para você usar em *workshops*. É um livro muito bacana para você mergulhar, se você, por exemplo, decidiu ser uma referência em *workshops*.

O segundo livro eu já recomendei na Parte 5 do livro, que é o "Quem assiste enriquece" (2020), do Napoleon Hill. Ele fala sobre a importância de compartilhar conteúdo, pois quem compartilha conteúdo enriquece. E para você compartilhar, você tem que assistir e aumentar o seu repertório. Tem dezenas de outros livros dele na Amazon, mas este aqui certamente vai ajudar bastante nessa parte de facilitação.

PARTE 8.
NÃO REPITA OS 10 ERROS CLÁSSICOS

Esta é a última parte do livro, em que eu vou apresentar os 10 erros clássicos que principalmente os palestrantes cometem. Mas eu também vou fazer relação com *lives*, reuniões, *workshops* e aulas.

Eu gostaria de dizer que esse consolidado dos erros que eu vou passar foi tirado das minhas experiências em mais de 50 eventos que eu organizei, de grandes eventos em que eu era mestre de cerimônia, e também de alguns eventos em empresas. Fora que eu acabo assistindo muitas palestras e consigo observar o que dá certo para vários palestrantes.

Eu queria destacar que, muitas vezes, o palestrante é muito bom, mas falta só um método ou uma técnica. Então eu gostaria de apresentar aqui 10 erros que, se você não repetir, você já vai estar ganhando muito. É claro que aqui eu coloquei coisas que eu já falei em alguns momentos durante o livro, mas aqui eu decidi fazer um consolidado para deixar claro o que não se deve fazer. Aprendendo com os erros dos outros, você acaba aproveitando para sair na frente também, porque não tem porque repetir os erros das outras pessoas.

1. Confundir improviso com falta de preparação

Não se deve confundir improviso com falta de preparação. Tem gente que pensa: "nossa, mas ele improvisa tão bem". Mas a verdade é que quem improvisa bem se preparou para poder improvisar. Parece contraintuitivo? Eu sei, mas eu quero dizer o seguinte: quando você olha alguém fazendo uma palestra sem *slide*, por exemplo, parece que a pessoa improvisou. Mas para fazer uma palestra sem *slide*, para participar de um painel com outras pessoas, você precisa ter muito mais repertório. Então cuidado quando tiver uma pessoa arrebentando em uma palestra com os *slides* feitos, às vezes sem texto nenhum, só com imagens, ou até mesmo sem *slides*, porque, se ela estiver indo muito bem, com certeza ela se preparou muito antes.

Por isso que eu disse que é importante você escolher temas que você domina, ou que você quer desenvolver. O certo é você estudar muito, ler livros, assistir cursos, fazer mentorias e colocar coisas em prática para pegar resultados reais. Fique muito atento, não confunda improviso com falta de preparação. Quem se prepara muito está preparado para fazer mais improviso. Quem se prepara pouco precisa ficar limitado aos *slides* e àquele conteúdo somente. Se você confundir isso, você pode achar que consegue improvisar sempre sem se preparar, e talvez você diga "ah, consegui", mas você não gerou resultado na vida das pessoas e não preparou as pessoas para ter resultado. Se você não se prepara, você não deixa a sua apresentação cativante, até porque você não fez o seu roteiro magnético.

E tem pessoas que muitas vezes não percebem que a preparação não é somente da parte técnica do conteúdo. A pessoa pode achar que só porque tem muito conteúdo no *slide* a apresentação está boa – e geralmente não é assim que funciona. A preparação que eu falo aqui não é no sentido de preparar os *slides* com um montão de conteúdo, mas, sim, ter um *storytelling*, usar analogias, criar um conteúdo leve e agradável para as pessoas, conseguir até botar uma pitada de humor para a conexão com o conteúdo ficar mais natural. Isso não dá para fazer com improviso. Isso é pura preparação, então cuidado com essa ilusão de que quem improvisa não se prepara, porque é totalmente o contrário. Para improvisar, você tem que ter muito preparo.

Por isso que eu falei que muita gente tem medo de falar em público lá na Parte 1 do livro. É porque não se preparam, e sem preparação até eu tenho medo de me apresentar. Se me colocarem para apresentar uma palestra sobre um conteúdo que eu não conheço, eu vou ficar cheio de medo com certeza, e vou travar. Não cometa esse erro e se prepare muito. Quanto mais você se prepara, mais você pode improvisar e ter repertórios para compartilhar.

2. Começar desanimado ou reclamando

Não se deve começar desanimado. Aí você pode pensar: "ah, Muniz, mas o meu jeito é assim, eu sou assim mesmo, mais na minha". Mas a pessoa ser introvertida não quer dizer que vai começar desanimada. Agora não confunda começar animado com começar contando piadas e querer ser o engraçadão. Você precisa conhecer o seu público e manter a sua essência, e mesmo assim precisa adaptar a sua forma de falar ao seu público também. Só tome cuidado para não exagerar e se desconectar com a sua audiência.

Imagine mais de 300 pessoas esperando alguém chegar para apresentar uma palestra. E se essa pessoa chega reclamando? "É, gente, hoje foi complicado, o voo foi péssimo, aquela companhia aérea é horrível, que saco, blá blá". Você vai passar o sentimento para a sua plateia. Se você chega reclamando do voo, do engarrafamento e da cidade, você acaba perdendo a sua plateia. Pode ser reunião, *live* ou palestra.

Quando você fala essas coisas, as pessoas vão lembrar dos dias ruins delas também, como o dia em que perderam o voo, o dia em que ficaram presas no engarrafamento etc. Você está transmitindo uma *vibe* horrível, e uma coisa que poderia ter uma expectativa boa por parte do seu público, que poderia estar animado para aprender um conteúdo com você, acaba sendo ruim porque você jogou no chão começando a sua apresentação reclamando.

Não quer dizer também que você não possa ficar irritado, mas a sua audiência não tem culpa disso. A sua audiência não tem culpa dos seus problemas pessoais, então não desconte nela, por mais que você pense que tem que falar como você está – na verdade, você não precisa fazer nada disso. A sua palestra e o seu evento não são uma sessão de terapia, você está lá para compartilhar conteúdo da melhor maneira possível. Eu estou sendo bem duro nisso porque tem gente que confunde contar situações pelas quais passou usando uma *vibe* de aprendizado com simplesmente desabafar.

Nunca comece desanimado ou reclamando, pois só vem coisa ruim das reclamações. Mas, por exemplo, se você estiver fazendo uma palestra e quer que as pessoas melhorem algo nas empresas, nesse caso tudo bem trazer um exemplo negativo porque você vai conectar com uma história real lá na frente. Aí você diz: "olha, pessoal, eu vou aproveitar essa palestra para contar que passei por uma situação chata agora há pouco. O meu voo atrasou e o atendimento que me deram foi péssimo, e eu quero mostrar como isso me ajudou a deixar mais forte na minha cabeça o que eu não devo fazer com os meus clientes, então eu vou compartilhar com vocês aqui". Você não está reclamando do atendente objetivamente, você está aproveitando o exemplo que você viveu agora para melhorar os seus próprios processos e está compartilhando com o seu público. Isso é legal. Então nunca comece reclamando ou desanimado. Tem gente que vai se apresentar por obrigação, e a minha sugestão é simplesmente não ir. Mas se você precisar ir, não desconte a sua frustração nos outros.

E se você for uma pessoa introvertida, não precisa chegar pulando e gritando se essa não é a sua essência, mas também não precisa chegar desanimado. No pior dos casos, chegue bem e inicie com um "pessoal, bom dia, vamos iniciar a nossa apresentação. Estou muito empolgado de estar aqui com vocês e vou compartilhar três passos para você melhorar o seu processo de tecnologia". Viu? Simples assim.

3. Exagerar na humildade ou nos erros

Este é um erro que as pessoas costumam repetir muito. Esse erro eu pego de várias palestras que eu já assisti, várias pessoas que eu mentorei e diversos eventos que eu apresentei e dos quais fui mestre de cerimônias. E aí eu vejo o que dá certo e o que dá errado. Eu sempre observo o que dá para reaproveitar e o que deu errado em todas as palestras. E, como eu falei, muita gente boa erra e não percebe.

Mas o que eu quero dizer aqui neste capítulo é que você precisa ter cuidado ao ser muito humilde na sua palestra, reunião ou apresentação. Por quê? Porque se você se imaginar chegando em uma palestra falando coisas como "gente, eu não me considero à altura de vocês, eu estou aprendendo, estou aqui para compartilhar, mas eu sei que vocês sabem mais do que eu...", você está exagerando na humildade e pode passar uma má impressão para o público. As pessoas vão lá para aprender, crescer e melhorar os resultados, então elas querem ouvir alguém que possa ajudá-las e não alguém que não está preparado.

Então se a pessoa é muito humilde e fica dizendo coisas como "eu não sei por que eu estou aqui etc.", vai acabar com a apresentação. Tem gente que faz isso com falsa humildade. Se você diz coisas como "eu sei que eu não sou o melhor nisso, e tem pessoas melhores do que eu...", as pessoas vão pensar que seria melhor você ter chamado essas pessoas melhores em vez de você. Então cuidado com o exagero na humildade e com os erros também.

Tem gente que acha que, só porque está falando sobre os erros que cometeu, vai acabar conectando as pessoas, mas ninguém vai te falar que a vulnerabilidade e os erros só conectam quando você sabe que quem errou tem algo para ensinar.

Quem tem muitas experiências reais de derrotas, como empreendedores, por exemplo, podem usar os exemplos para ajudar as pessoas a não repetir algumas situações. Eu já tive três empresas que não deram certo, mas hoje, com a minha empresa atual, e com os resultados que eu tenho, eu até posso falar sobre isso, mas imagina uma pessoa que acabou de quebrar agora. Se ela chegar em uma palestra e disser "olha, pessoal, hoje eu vou falar sobre os erros da minha empresa", as pessoas vão olhar para ela e pensar: "tá, mas e daí? O que você conquistou depois disso?".

Então cuidado com esse negócio de ficar falando dos seus erros e falhas se você não tem nada para ensinar. Quem já tem muito resultado e já está lá na frente pode compartilhar um montão de derrotas porque tem vitórias para compartilhar também. Então cuidado com essa parada de "você tem que falar as suas falhas para se conectar com as pessoas!". Vai falar dos seus erros em um ambiente que ninguém te conhece... as pessoas vão se perguntar: "pô, mais por que esse cara está aqui, meu Deus? Ele vai ensinar o quê pra gente?". Mas, é lógico, se você tem uma situação na qual você falhou e aprendeu com aquilo, acabou melhorando, vale muito a pena compartilhar, porque é isso que as pessoas querem.

Então não seja exageradamente humilde. Tem gente que demonstra falsa humildade, e as pessoas geralmente percebem isso. Às vezes quando uma pessoa está falando muito de como ela é boa em uma coisa como se fosse a maioral, e logo em seguida tenta ser muito humilde, as pessoas percebem como falsa humildade, e esse é um grande erro.

4. Querer impressionar a todo custo

Outro extremo, fora a humildade exagerada, é tentar impressionar as pessoas a todo custo. Se você vê que tem alguém que está passando uma *vibe* de "eu sou o melhor, eu sou o bonzão, eu sou fera e eu arrebento!", geralmente você identifica essa pessoa como arrogante, certo? Então tome cuidado com isso. Isso acontece também, como eu já falei lá na parte de palestra, quando a pessoa mostra todo o currículo dela e fica falando "nossa! Eu sou bom pra caramba, eu fiz faculdade tal, doutorado, Harvard, e eu fiz isso e escrevi livro, e recebi prêmio...". Cuidado com isso. Um método que eu uso para não errar nesse quesito é o seguinte: **eu começo falando do tema.** Então geralmente é algo como: "oi, pessoal, bom dia, eu estou aqui para apresentar os três pilares para acelerar a cultura digital", "Oi, pessoal, eu estou aqui para falar para vocês hoje sobre como acelerar a agilidade", ou "como *DevOps* é a gasolina da agilidade?". Pronto, essa é a dica. Você fala do tema, fala o seu nome, o tema e fala sobre a agenda. E depois você pode conectar os temas com a sua experiência, entende? Para a pessoa saber quem exatamente é essa pessoa que está dizendo que vai ensinar os três pilares para acelerar a cultura digital, por exemplo.

Então eu sugiro que você use esse formato. Ele funciona muito para mim, mas você precisa adaptar o que funciona para você. Então você se apresenta, faz a saudação, fala do tema em 20 segundos dizendo como as pessoas podem se beneficiar, mergulha um pouco mais na agenda e depois você fala sobre as suas experiências. No meu caso, eu digo "olha, eu já escrevi um livro de *DevOps* com uma galera *top*, eu trabalho com isso atualmente com a minha empresa, ajudo outras empresas a multiplicar seus resultados, então eu vou trazer um *case* do que eu já apliquei na prática para vocês". Pronto, eu conectei meu repertório, minha preparação e as minhas experiências com a minha palestra. Isso não é arrogância, é mostrar o que você vai compartilhar e quem é você para compartilhar isso.

Eu até falo que eu já fiz palestras em várias empresas e apresento o logo dessas empresas, para passar credibilidade. O meu objetivo não é ser arrogante nem impressionar, mas mostrar que eu estou pronto para fazer aquela palestra, que eu me preparei e eu tenho o que compartilhar. Isso é importante, mas não precisa ser no início. Você já deve ter assistido palestras onde a pessoa tinha 30 minutos para apresentar e ficou 10 minutos falando dela mesma. As pessoas não estão interessadas nisso, elas querem conteúdo e *cases* reais, tudo bem? Precisa fazer um balanço, é tudo questão de equilíbrio.

Tem gente que faz palestras para empresas, e aí a empresa pede para você apresentar um *case* da sua empresa. Você, em vez disso, fica falando só sobre a sua empresa. Está errado. Você precisa ter na cabeça que as pessoas não querem saber da sua empresa, as pessoas querem saber do conteúdo que você vai compartilhar.

Então deixa eu te dar uma dica: você pode falar do conteúdo e do *case*, para no final você falar um pouco da sua empresa, apresentando brevemente como por exemplo: "olha, inclusive se você quiser saber um pouco mais sobre isso, se você quiser ajuda para implementar o que eu ensinei aqui, eu trabalho na empresa x, que faz isso, isso e isso, a gente presta esses serviços, e eu estou à disposição". É só inverter o jogo. Em vez de falar da empresa e depois do *case*, você fala primeiro do *case* e depois da sua empresa.

Se você fizer isso, eu tenho certeza de que as pessoas vão se conectar muito mais ao seu *case*. No início as pessoas não te conhecem e não conhecem a empresa, e isso significa que elas não vão lembrar dela. Agora, se você fizer o contrário e falar do *case* para depois indicar a empresa, fica muito melhor.

5. Esquecer que o foco deve ser a audiência

Isso também acontece com frequência e as pessoas não percebem. Quem faz palestra pode concordar comigo que é muito gostoso. Você está no palco como alguém que é importante para aquelas pessoas, e se você está lá é porque você é uma referência ou recebeu a oportunidade de brilhar. Isso é muito legal, mas palestra, *live*, *workshop*, aula, não são para você, são para o seu público. Então o que você tem que pensar? Você tem que pensar que o ego às vezes atrapalha. Não é sobre você, é sobre os outros.

Quanto mais você ajudar as pessoas, mais elas vão valorizar você. É uma troca justa demais. Então não esquece que o conteúdo da palestra não é para você, é para a sua audiência. Você pode pensar: "ah, Muniz, mas eu tenho que compartilhar o *case*, eu estou lá porque minha empresa pagou passagem, hotel e eu tenho que arrebentar!". Mas sabe como você arrebenta mesmo? Ajudando as pessoas a entender como o seu *case* ajuda elas, porque aí elas vão te procurar e vão procurar a sua empresa. E é lícito e normal isso, acontece demais. Eu apresento eventos que são assim mesmo: tem exposição lá, e a feira das empresas mostrando suas soluções, o que é legal demais! Mas lá no palco você não pode falar só da sua empresa, você precisa falar como o resultado que a sua empresa gerou para um cliente pode ser replicável para outros clientes. Isso vale muito mais e as pessoas vão lembrar disso.

6. Manter o plano mesmo com imprevisto

Outro erro que acontece com muita frequência é as pessoas se planejarem, criarem o roteiro magnético e, quando tem um imprevisto, quererem continuar seguindo o plano inicial. Aí você pensa: "ah, mas eu preparei 20 *slides*, eu preciso falar de todos eles". Vamos pensar na prática então: se o evento atrasou muito e você tem 30 minutos, não fique lutando com unhas e dentes pelos 30 minutos. Esteja preparado para fazer 20. Pode ser que o evento tenha atrasado, e agora você precise fazer algo mais rápido. Tem gente que fica revoltada com isso, mas o ideal é aceitar e tentar fazer o seu melhor em 20 minutos. Você não precisa passar todo o conteúdo nesses casos, menos é mais. É melhor você cortar *slides* da sua apresentação e conversar com o público. Cuidado com esse pensamento: "ah, não, eu quero a minha 1 hora, eu quero os meus 30 minutos, blá blá".

Vou dar outra dica: cuidado para não travar as palestras, entende? Se você recebeu 30 minutos, cuide para terminar em 30 minutos. Eu sei que você talvez teria condição de falar três horas sobre o assunto – é lógico, você estudou e se preparou. Mas se você só tem 30 minutos, não estoure. Sabe por quê? Porque quando você estoura o tempo da sua palestra você está atrapalhando e desrespeitando o próximo, e pode ser que esse próximo palestrante tenha horário, um voo marcado ou um compromisso, então você acaba irritando o próximo palestrante. Você também incomoda a organização do evento quando estende o prazo da sua palestra.

Eu já vi palestrante ser intimado a sair do palco, e isso é muito feio, entende? As pessoas percebem. Então, por exemplo, se a palestra era de 30 minutos e combinaram de última hora contigo que agora você precisa falar 20 e deixar 10 minutos para perguntas, termine em 20 e deixe 10 minutos para perguntas. Se ninguém perguntar, você complementa algum tópico ou desafia os espectadores a implementar na prática o que você falou.

E se você terminar antes também não tem problema nenhum. O ruim é acabar estourando porque, se uma pessoa pensa que não tem problema estourar porque são só 10 minutos, e todas as outras pessoas estourarem 10 minutos também, e o evento tem 8 palestras, o total de atraso será de 80 minutos, quase 1 hora e meia. E a audiência fica irritada também, porque as pessoas têm compromisso. Imagine que o evento era para terminar meio-dia e acabou uma da tarde porque uma pessoa atrasou 20 minutos, a outra 10, e assim vai. As pessoas vão ter menos uma hora de almoço e quem fica no último horário é prejudicado porque as pessoas já estão indo embora do evento. Então você precisa se adaptar à situação.

Nos meus eventos eu gosto muito de cumprir o prazo em respeito a todos. Nos eventos em que sou contratado para ser mestre de cerimônias e apresentador, eu nem tenho como interferir no tempo, só estou lá para cumprir o *script* deles. Antes eu via as pessoas que extrapolavam o tempo e me incomodava muito, mas agora eu fico de boa, porque eu deixo claro que eu vou fazer o melhor que eu puder no tempo restante. Se você é palestrante, não estoure o prazo, respeite os outros palestrantes e ajude-os não estourando o prazo.

7. Achar que os participantes querem conteúdo

O erro aqui é achar que as pessoas querem muito conteúdo e você precisa entregar muita coisa, muitos *slides* e metralhar as pessoas de conteúdo. As pessoas querem o quê? Imagine por que eles vão a palestras. Elas querem ir para aprender alguma coisa que elas vão poder botar em prática. É isso.

Se a pessoa vai me entregar isso com um *slide* só, eu já estou feliz. Se ela precisar de 10 *slides*, tudo bem. Mas se ela veio apresentar 50 *slides* grandes, com muito conteúdo, eu não vou lembrar de nada. As pessoas não vão às palestras só pelo conteúdo maçante, elas vão porque querem transformação. Claro que algumas vão pelo *networking*, outras para arranjar uma solução para levar para a sua empresa etc. Mas não pense que palestra boa é palestra carregada de conteúdo, porque não é. Eu estou falando isso porque assisto a muitas palestras. As pessoas querem conteúdos e exemplos que elas possam botar em prática.

Sabe o que você pode fazer? Vou dar uma dica que eu faço funcionar muito bem. Você pode pegar um conteúdo adicional e colocar lá. Eu fiz isso aqui neste livro, lembra? Este livro poderia ter o número de páginas quintuplicado, mas eu decidi consolidar o que é mais importante; aquilo que eu considero que poderia ajudar para além do livro, eu botei como conteúdo adicional no final de cada parte, para você se aprofundar se você quiser.

Então se você achar que vale a pena citar um item que é muito longo, você bota um *QR Code*, talvez, ou a devida referência ao conteúdo adicional que você gostaria que as pessoas buscassem. Você dá horas a mais de conteúdo apenas para as pessoas que querem, e isso deixa o conteúdo principal mais dinâmico. Olha que legal essa dica. Se você aplicar esta dica que estou dando, você mostra que tem muito mais conteúdo para quem quiser mergulhar mais profundamente e respeita o tempo das pessoas, além de não deixar de passar o conteúdo mais importante.

Algumas pessoas vão querer consumir conteúdo adicional, outras não vão se interessar, e tudo bem. Se você ficar metralhando as pessoas de conteúdo, você vai irritar quem estiver lá procurando algo mais leve – afinal, palestra é um conteúdo mais leve, a verdade é essa.

8. Manter o mesmo ritmo o tempo todo

Estamos falando aqui de você não se tornar monótono, ficando sempre no mesmo tom. Você precisa dar umas "quebras" nas palestras, aulas, reuniões. Quando você conta uma história, por exemplo, é uma quebra porque as pessoas estavam ouvindo o conteúdo e de repente agora estão escutando algo diferente, apesar de ainda ter relação com o conteúdo.

Você pode, quem sabe, colocar um *slide* bem-humorado, fazer uma pergunta para o pessoal levantar a mão etc. Lembre-se de dar essas "quebradas". Não mantenha o mesmo tom, perceba se as pessoas estão entediadas e mude alguma coisa. Tenha essa mente adaptável de que você não precisa seguir o plano. Você sempre tem que estar disposto a se adaptar. Como você aprendeu no roteiro magnético, use elementos complementares para a sua palestra, como analogias, *storytelling*, estudos, história pessoal etc.

Lembre-se também de mudar o ritmo da fala. Tem horas que você fala mais animado com mais empolgação, e tem hora que você dá uma acalmada, uma refletida, uma pausa para as pessoas pensarem... por exemplo, pensa aí: quantas vezes você já viu os erros que eu estou citando aqui nas palestras que você assistiu? Eu já vi muitas vezes, porque as pessoas não têm um método para fazer palestra. As pessoas acham que palestra é pegar tudo o que elas aplicam nas aulas e jogar, mas não, você tem de 30 minutos a 1 hora no máximo para causar um grande impacto.

9. Robotizar a comunicação

Esse é um problema do qual já falei. Existem vários cursos de oratória, livros e outros conteúdos que vão te ensinar a gesticular de um jeito, falar de um jeito, com uma certa voz etc. Tudo bem, você pode fazer isso, desde que não seja robotizado. Não erre nisso porque as pessoas percebem.

Eu estava pensando esses dias em uma cena de um filme da Marvel chamado "Guerra Infinita", e nessa cena o Thor estava com a galera dos Guardiões da Galáxia. É uma cena interessantíssima porque o Thor tem uma voz mais forte e também é todo fortão, então ele "chegou chegando". E o pessoal dos Guardiões começou a se questionar dizendo que o Thor deveria ser o líder dos Guardiões, e o líder atual chamado Peter Quill começou a forçar uma "voz potente" também. Um dos integrantes dos Guardiões, que por acaso é um guaxinim, chamou a atenção do Peter dizendo que a voz dele não era aquela. E é uma cena hilária, porque ele estava querendo imitar o jeito que o Thor falava e estufava o peito, já que o Thor tinha uma voz forte e era muito musculoso. E o guaxinim começou a tirar onda com o Peter porque ele sabia que o Peter não era nada daquilo.

É exatamente isso que acontece com as pessoas que querem robotizar a sua comunicação, seja em palestra, reunião ou qualquer coisa. Você deve conhecer pessoas assim. Às vezes você está conversando com a pessoa no almoço e ela ri bastante, brinca muito e fala com uma voz leve, mas quando chega na hora de fazer uma reunião, engrossa a voz e estufa o peito. Você vê que aquilo é só uma representação. Claro que você não vai usar a mesma comunicação que você tem com os seus amigos e família sempre na sua empresa, você vai utilizar uma comunicação um pouco mais adaptada para aquele momento, mas não precisa fazer uma representação completa de algo que você não é normalmente.

Não seja um "robozão" na sua apresentação porque as pessoas vão perceber. E sabe o que é pior do que as pessoas perceberem? Isso ninguém conta, mas eu vou contar aqui e agora. Pior mesmo é a energia que você gasta tentando não ser você. Fique esperto com isso, porque quanto mais você não for você, mais energia você tem que gastar. Pensa comigo: se você está dirigindo por um caminho que você conhece, você não precisa gastar muita energia. Você pode dirigir ouvindo um *podcast* ou conversar com outras pessoas dentro do carro. Agora, se você for por um caminho diferente, ou um caminho perigoso, você não vai nem conseguir prestar atenção nas coisas que estiverem dizendo no carro, porque você precisa estar ligado. Se você está, por exemplo, rodando a 120km/h numa estrada cheia de carros e que você nunca viu, você gasta energia, e a mesma coisa vale para a sua comunicação. Quanto mais natural você for na sua comunicação, menos energia você gasta, e mais você consegue prestar atenção nas pessoas. Então seja você mesmo, não seja um robozinho.

10. Ficar refém de *slides* poluídos

Um grande erro que eu quero que você não repita é ficar refém de *slides* poluídos. O que é ficar refém de *slides* poluídos? É quando você está fazendo uma apresentação e precisa ficar olhando para os *slides* toda hora. Em um evento grande, geralmente há duas televisões: uma mostra um *timer* com o tempo que você ainda tem de palestra, e outra fica com os *slides*, é muito legal. Então às vezes você está falando com o público, dá uma desviada e olha para o *slide*. Minimiza o problema, mas mesmo assim as pessoas percebem que você deixa de olhar para elas e começa a olhar para o *slide*, entende? Refém de *slide* é quando você não consegue falar sem o *slide*, e isso é muito ruim.

Como você resolve isso? Preparando-se. Isso serve para palestra, reunião, tudo. Você precisa treinar isso: não seja refém dos *slides*. De preferência, em uma palestra, coloque um gráfico grandão, algum número importante ou alguma informação realmente relevante. Talvez você possa colocar uma imagem que represente a situação que você está explicando, assim como eu coloco às vezes a foto do Thanos. De vez em quando não tem problema. Eu relaciono e complemento o que está no *slide*, e isso não tem problema, mas nunca é bom parar a apresentação para ler o que está no *slide* ou ficar toda hora olhando para trás, para o chão etc. As pessoas podem pensar que, se for para ler *slides*, elas não precisariam de você, e sim dos *slides*. Não faça isso na sua apresentação, porque você vai se sentir inseguro por não ser capaz de explicar o conteúdo sem o *slide*. E se acabar a energia? Você vai fazer o quê?

Aqui pensando no **10x**, você precisa se preparar tanto que conseguiria fazer uma apresentação sem *slides*. Se acabar a energia você não pode simplesmente cancelar a palestra porque fica muito feio. Sabe o que você pode fazer? No seu celular você pode ter os tópicos e ir elaborando o que você vai compartilhar conforme cada tópico.

Eu conseguiria fazer um *workshop* de um dia inteiro para cada um desses 10 erros. Eu poderia, por exemplo, falar: "gente, vamos trabalhar o erro 1 – confundir improviso com falta de preparo – é isso e isso, vamos fazer uma divisão em grupos e trabalhar em conjunto para chegarmos a uma conclusão de como a gente pode melhorar o nosso repertório pensando no tema tal. Como é que vocês fazem?". Vamos dizer que, só nessa atividade, se passou meia hora. Agora a gente vai para o segundo erro – começar desanimado ou reclamando – e eu vou explicar e trazer estudos da neurociência que dizem que nós somos seres sociais e por isso acabamos trazendo aprendizados do que os outros estão falando, e também que a neurociência descobriu neurônios espelho, que são neurônios que espelham o que os outros fazem na nossa própria vida, e isso explica por que quando uma pessoa está desanimada próxima de você, você inconscientemente acaba ficando desanimado também e vice-versa: se a pessoa está animada, a animação é passada para você. Eu poderia explicar isso, mas o objetivo era destacar os erros, e como você não comete esses erros.

O que eu estou te falando é: Você precisa ser o especialista no seu tema. Então os *slides* não podem ser maiores do que a sua apresentação, nem mais importantes do que você. Se as pessoas quisessem ler *slides*, elas poderiam ler em casa, e se quisessem muito conteúdo elas poderiam ler um livro. Você está lá para complementar com os seus exemplos, para animar as pessoas para elas fazerem acontecer. Esse é o seu objetivo como professor, palestrante ou apresentador: destravar a criatividade e a procrastinação das pessoas.

Eu poderia citar aqui uns 20 erros, mas tenho certeza de que você já vai estar na frente de muita gente se focar nesses 10. Eu diria que se você não cometer esses 10 erros, você já vai estar entre os 10% melhores palestrantes do Brasil. Pode ter certeza disso. Mas é lógico que, para não repetir esses 10 erros, você precisa de preparo e um método.

Aqui eu estou consolidando o que você não deve fazer, mas o detalhamento do que você precisa fazer depende de você aplicar as coisas que eu ensinei nas partes anteriores do livro. É isso que eu quero que fique na sua cabeça: esta última parte do livro é um *checklist*. É um grande resumo para você não esquecer. Em toda apresentação antes, você pode dar uma olhada no que não fazer, como um *checklist*, e você vai lembrar.

***

Chegamos agora ao final do nosso livro e eu quero parabenizar você, porque começar as coisas, muitas pessoas começam. Já é um primeiro passo começar, mas poucas pessoas terminam.

Referências

ANDERSON, C. **TED Talks:** o guia oficial do TED para falar em público. Rio de Janeiro: Intrínseca, 2016.

ARIELY, D. **Previsivelmente irracional:** as forças invisíveis que nos levam a tomar decisões erradas. Rio de Janeiro: Sextante, 2020.

BLUM, B. Comunicação vira a habilidade mais valorizada por empregadores. **Folha de S. Paulo**, 21 ago. 2020. Disponível em: <https://www1.folha.uol.com.br/sobretudo/carreiras/2020/08/comunicacao-vira-a-habilidade-mais-valorizada-por-empregadores.shtml>. Acesso em: 16 jan. 2023.

BUCKINGHAM, M.; CLIFTON, D. O. **Descubra seus pontos fortes.** Rio de Janeiro: Sextante, 2017.

CAIN, S. **O poder dos quietos:** como os tímidos e introvertidos podem mudar um mundo que não para de falar. Rio de Janeiro: Sextante, 2019.

CAMPBELL, J. **O Herói de Mil Faces.** São Paulo: Pensamento, 1989.

CARDONE, G. **10X:** a regra que faz a diferença entre o sucesso x fracasso. Rio de Janeiro: Alta Books, 2019.

CARNEGIE, D. **Como falar em público e encantar as pessoas.** Rio de Janeiro: Sextante, 2020.

CSIKSZENTMIHALYI, M. **Flow:** a psicologia do alto desempenho e da felicidade. Rio de Janeiro: Objetiva, 2020.

DUARTE, N. **Apresentações convincentes:** venda suas ideias, envolva a plateia, inspire ação. (Série Harvard Business Review – um guia acima da média) Rio de Janeiro: Sextante, 2018.

DUCKWORTH, A. **Garra:** o poder da paixão e da perseverança. Rio de Janeiro: Intrínseca, 2016.

EAGLEMAN, D. **Cérebro:** uma biografia. Rio de Janeiro: Rocco, 2017.

GALLO, C. **Comunicação é tudo:** os segredos dos maiores comunicadores de negócio do mundo. [S.l]: Landscape, 2007.

GALLO, C. **Storytelling:** aprenda a contar histórias com Steve Jobs, Papa Francisco, Churchill e outras lendas da liderança. Rio de Janeiro: Alta Books, 2019.

GALLO, C. **TED – falar, convencer, emocionar:** como se apresentar para grandes plateias. São Paulo: Benvirá, 2017.

GODIN, S. **A prática:** entregando um trabalho criativo. Rio de Janeiro: Alta Books, 2021.

GRANT, A. **Dar e receber:** uma abordagem revolucionária sobre sucesso, generosidade e influência. Rio de Janeiro: Sextante, 2014.

HILL, N. **As 16 leis do sucesso.** São Paulo: Faro Editorial, 2017.

HILL, N. **Quem assiste enriquece:** seleção inédita das melhores palestras de Napoleon Hill. Porto Alegre: CDG, 2020.

KAHNEMAN, D. **Rápido e devagar:** duas formas de pensar. Rio de Janeiro: Objetiva, 2012.

KNAFLIC, C. N. **Storytelling com dados:** um guia sobre visualização de dados para profissionais de negócios. Rio de Janeiro: Alta Books, 2019.

MILLER, D. **Story Brand:** crie mensagens claras e atraia a atenção dos clientes para sua marca. Rio de Janeiro: Alta Books, 2019.

MUNIZ, A. *et al.* **Jornada da Facilitação:** um guia prático para agilistas, gestores e educadores para promover o engajamento e a colaboração das pessoas e criar resultados extraordinários. Rio de Janeiro: Brasport, 2022.

MUNIZ, A. **Jornada Colaborativa:** construindo times de alta performance com a liderança colaborativa, a inteligência coletiva e a cultura de experimentação. Rio de Janeiro: Brasport, 2021.

REDAÇÃO. Medo de falar em público atinge 59% dos universitários no Brasil. **ABCdoABC**, 15 mar. 2022. Disponível em: <https://www.abcdoabc.com.br/brasil-mundo/noticia/medo-falar-publico-atinge-59-universitarios-brasil-150469>. Acesso em: 16 jan. 2023.

SILVA, A. B. B. **Mentes perigosas:** o psicopata mora ao lado. [S.l.]: Principium, 2018.

SUTTO, G. As 15 habilidades que estarão em alta no mercado de trabalho até 2025, segundo o Fórum Econômico Mundial. **InfoMoney**, 30 jan. 2021. Disponível em: <https://www.infomoney.com.br/carreira/as-15-habilidades-que-estarao-em-alta-no-mercado-de-trabalho-ate-2025-segundo-o-forum-economico-mundial/>. Acesso em: 16 jan. 2023.

Dedicatória e agradecimentos

Dedico este livro aos meus amados filhos Lucas, Luísa e grande parceira e esposa Keila.

Agradeço a todas as pessoas fazem parte da minha trajetória, como alunos, amigos, mentorados, familiares, colegas de trabalho, autores voluntários da Jornada Colaborativa e associados da Advisor10X.

Agradecimento especial ao Anderson Fernandes da Adivisor10X pela maestria e parceria na adaptação da videoaula para o texto bruto que foi a base deste livro.

Agradecimento aos amigos e grandes parceiros da Brasport: Sérgio Martins, Marina Oliveira e Monaliza Rosário.

Agradecimento especial para os mentorados e mentoradas que continuam me inspirando com seus resultados – a vitória de vocês é a minha vitória!

Agradecimento especial aos grandes amigos Luan Oliveira e Thiago pela incrível generosidade na escrita do prefácio.

Sobre o autor

CEO da Advisor10X | *Board Club Member* | Palestrante e Coordenador de MBAs | Fundador da Jornada Colaborativa | Autor e curador de 28 livros sobre tecnologia, agilidade, *DevOps*, SRE, liderança, inovação | Mentor LiderProExpert

Colaborei com mais de 30 mil pessoas e mais de 100 times em consultorias, mentorias, cursos de MBA, *bootcamps*, videoaulas, *workshops* e palestras em empresas líderes de mercado, como SulAmérica, Petrobras, Vivo, Itaú, Oi, Furnas, Eletrobras, Energisa, Via Varejo, DHL, Accenture, Icatu, Banco do Brasil, Banco Safra, Banco PAN, Citibank, Ernst & Young, Finep, Sebrae, UOL, Pagseguro, Makro, Totvs, Jucesp, Ambev Tech, Dafiti, Meta, Banco Carrefour, Prudential, Renner, Sys Manager etc.

Como fundador e *headhunter* da Jornada Colaborativa, mobilizei milhares de autores e formei novas lideranças para escrever mais de 30 livros sobre tecnologia, desenvolvimento de software, agilidade, inovação e liderança. Como iniciativa voluntária, doamos mais de R$ 400 mil com os *royalties* dos 22 livros lançados em parceria com a editora Brasport.

Minha formação tem uma base multidisciplinar em negócios, tecnologia e liderança, com mestrado em administração no Ibmec, MBA em telecomunicações na FGV, graduação em tecnologia na Unigranrio e certificações em agilidade, *Lean*, tecnologia, projetos, processos e serviços.

Conheça os livros da Jornada Colaborativa

1. "Jornada DevOps", com 33 coautores e 4 curadores.
2. "Jornada Ágil e Digital", com 56 coautores e 2 curadores.
3. "Jornada Ágil de Qualidade", com 24 coautores e 4 curadores.
4. "Jornada Saudável", com 26 coautores e 7 curadores.
5. "Jornada Ágil do Produto", com 69 coautores e 4 curadores.
6. "Jornada DevOps 2ª edição", *best-seller* com 36 coautores e 4 curadores.
7. "Jornada Ágil de Liderança", com 86 coautores e 5 curadores.
8. "Jornada do Ágil Escalado", com 64 coautores e 6 curadores.
9. "Jornada Java", com 32 coautores e 6 curadores.
10. "Jornada Business Agility", com 48 coautores e 5 curadores.
11. "Jornada Kanban na prática", com 23 coautores e 5 curadores.
12. "Jornada Colaborativa", com 44 autores e 1 curador.
13. "Jornada RH Ágil", com 52 coautores e 7 curadores.
14. "Jornada CSC", com 46 coautores e 6 curadores.
15. "Jornada Azure DevOps", com 19 coautores e 7 curadores.
16. "Jornada OKR na prática", com 42 coautores e 5 curadores.
17. "Jornada Python", com 57 coautores e 8 curadores.
18. "Jornada da Facilitação", com 72 coautores e 6 curadores.
19. "Jornada Microsserviços", com 27 coautores e 8 curadores.
20. "Jornada de Inclusão", com 40 coautores e 8 curadores.
21. "Jornada RPA e Hiperautomação", com 41 coautores e 4 curadores.
22. "Jornada Transformação Digital no Brasil", com 58 coautores e 6 curadores.
23. "Jornada da Experiência do Cliente", com 54 coautores e 4 curadores.
24. "Jornada Ágil de Arquitetura", com 18 coautores e 9 curadores.
25. "Jornada da Mente para Alta Performance", com 36 coautores e 7 curadores.

Acompanhe a BRASPORT nas redes sociais e receba regularmente informações sobre atualizações, promoções e lançamentos.

@Brasport

/brasporteditora

/editorabrasport

/editoraBrasport

Sua sugestão será bem-vinda!

Envie uma mensagem para **marketing@brasport.com.br** informando se deseja receber nossas newsletters através do seu e-mail.

BRASPORT

Este livro foi impresso nas oficinas gráficas da Editora Vozes Ltda.,
Rua Frei Luís, 100 – Petrópolis, RJ.